情緒流動

11個內在對話練習，陪伴孩子調節情緒

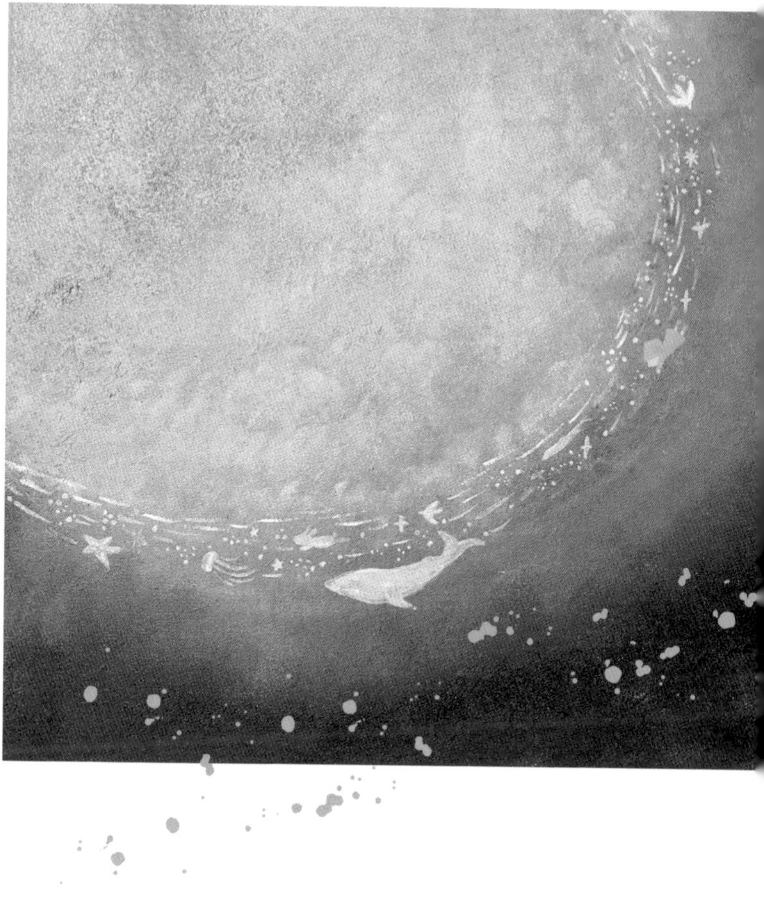

胡展誥——著

導讀

「小孩難受、家長難為」年代的「心」處方

楊俐容（Caremind耕心學院知識長、心理教育專家）

二十多年前，有感於孩子的情緒行為困擾快速惡化，家長的教育教養壓力節節上升，我開始從兒童青少年個案工作中，抽出部分時間與心力，投入情緒教育與教養的推廣。

長年積累下來，我確實見證，只要安下心來，系統化地去吸收相關知識、學習有效技巧，並且實際運用在教育教養中，父母和孩子都能夠一起學習，互相成長。

這當中，除了自己為家長撰寫專欄文章、創作親職專書之外，也閱讀過非常多國內外情緒教育教養作品。每每在闔上書冊的那一刻，我總會自問：「怎麼樣的作品才算得上是這個領域的精采佳作？」幾經思考，我個人提出以下四個判斷標準：

一、Scientific（科學的）：書中闡述具有科學理論基礎的觀點，而非只來自少數

個案的經驗，因此能增進讀者對於孩子普遍的理解和接納。

二、Explicit（明確的）：書中提供具體可行且確實有效的技巧，讓讀者可以在生活中運用，因此減低了讀者在教育教養現場的壓力與負擔。

三、Caring（關懷的）：書中流露出作者對於孩子以及大人的雙重關懷，但絕不煽情，讓讀者受到觸動、啟發，卻不會耽溺在自憐自艾的情緒裡。

四、Bridging（橋接的）：作者能夠在專業和讀者之間架起一座橋梁，將科學理論與實務工作中蘊含的教育教養智慧，以淺顯易懂的文字轉譯給讀者。

其中「科學、明確」這兩項，是任何一本負責任的情緒教育教養書，應當具備的基本條件；觸動情感而不煽情的關懷，更是所有專業人士不可或缺的倫理操守。至於能不能達到橋接的目的，其實是最考驗作者功力的項目。因為心理學及臨床諮商工作的訓練中，並不包括文字闡述的能力，能不能夠把專業的科學文言文翻譯為普羅大眾聽得懂的白話文，就完全仰仗作者本身的文學素養和文字功力了！

基於以上四個判斷標準，當我看完胡展誥諮商心理師的《情緒流動》時，就覺得這是一本值得推薦給家長的情緒教育教養好書。能夠從豐富的諮商經驗中，歸納出條理分明的問題脈絡，並且找到相應的情緒科學作為全書的架構支撐，證明作者有著相當堅實的專業背景。而作者胡展誥一流的敘事功力，更讓這本書成為容易閱讀又極好入腦的暖心佳作。

本書脈絡清晰，因此我會建議讀者從頭到尾順序閱讀，不要跳過任何一個章節。內容層次分明也是本書特色之一。第一、二章是概論性的介紹，提醒讀者在關注孩子的問題前先安頓自己，幫助讀者體會情緒流動的重要性；第三章開始則循序漸進地引導讀者從覺察、探索到調節情緒，並且在簡明扼要介紹相關概念後，隨即帶著讀者進入實際練習的環節，從理論到實踐，一次完成。

這是一個「小孩難受、父母難為」的年代，但我深知循序漸進的學習，能提升親子雙方的情緒力，創造充滿情緒安全感的幸福家庭。《情緒流動》正是這個年代非常需要的心處方，鄭重推薦給愛孩子也愛自己的您！

推薦文

給所有情緒都有空間流動

留佩萱（美國諮商教育與督導博士）

在閱讀胡展誥心理師《情緒流動》這本書時，讓我非常地感動。過去許多年的諮商工作中我也學習到：能夠面對情緒、與情緒共處，是人生中非常重要的能力。而這本書中，胡展誥心理師用非常溫暖的文字，以及許多貼切生活的例子，幫助家長們學習：我們如何幫助孩子培養「面對情緒」這個重要的技能。

在諮商中我常常跟個案說，所有的情緒都沒有對或錯，每一種情緒都是正常的、重要的，都在傳遞非常重要的訊息。但我們活在一個很壓抑情緒的社會，尤其是那些被歸類為負面的情緒，就像書中所寫，我們把這些負面情緒當作只有破壞力的存在，然後就像玩打地鼠遊戲機一樣，我們很努力地拿槌子敲，想要消滅這些負面情緒。但這些情緒的出現，就是想要被看見、被聽見、被給予空間可以舒展開來，然後當這些情緒有空間可以流動了，就能夠慢慢消退。

而要幫助孩子面對情緒，就要從我們自己開始做起——當我們能夠允許自己所有情緒的存在，才能讓孩子也擁有他自己的情緒，而當我們有機會練習和情緒共處，就會發現情緒其實一點都不可怕，然後就能去看見這些情緒底下重要的訊息。

邀請大家，跟著《情緒流動》這本書一起覺察與練習，我們可以一同建立一個給所有情緒都有空間流動的社會。

推薦文

情緒需要被接納並轉化

陳志恆（諮商心理師、暢銷作家）

在與年幼孩子的家長互動時，最常被問到的，就是孩子的情緒問題，像是：「孩子老是愛生氣，而且要生氣很久！」「孩子遇到不順心的事就會大發脾氣，但又不好好講！」

老實說，這些狀況在我女兒身上也經常出現。即使我知道幼兒的情緒調節能力尚不足，需要大人細心引導，但也會因為孩子再三情緒爆炸，自己跟著噴火怒罵。

然而，孩子的生氣爆炸，絕對不是用罵的或講道理的方式能夠趕走的。任何人的情緒波動，都需要被理解、被看懂、被接納，並允許流動。而親子對話正是引導孩子調節情緒最佳管道。

展誥老師的《情緒流動》書中提到，孩子展現的負面情緒裡，通常包含三個基本元素：失望、挫折與無望。而這三個元素，其實是一個人內心裡三種基本需求未被滿足時，外顯的狀態。大人只要能看懂，並予以適切回應，通常能讓孩子平靜下來。同時，孩子也會透過情緒的自我覺察，更加理解自己此刻的狀態，並漸漸懂得用適切的方式表達自己的需要。

當然，說起來容易，做起來難！展誥老師在這本書中，除了為你破解孩子的情緒密碼外，更教你如何透過溫暖且有效的回應，幫助孩子用合宜的方式釋放情緒，進而提升情緒韌性。

這本書的問世，正好呼應目前兒童情緒教育SEL（社會情緒學習）的風潮，格外令人期待。

當大人透過本書理解了孩子的情緒困擾，在幫助孩子調節情緒時，也需要關注自己的情緒流動。

因為，當你對孩子的哭鬧感到煩躁而怒吼時，你正被童年時期無法獲得流動的情緒給困住了。一旦理解了，就有機會改變；也許一開始很困難，但一次又一次，你會看見自己的進步。

相信我，我就是絕佳的見證者。

推薦文

營造讓情緒自在流動的環境

蔡佳璇（臨床心理師、哇賽心理學執行長）

每次演講到情緒主題，我都會問聽眾：「你們覺得『想哭』是情緒嗎？」在場有些人搖頭，有些人點頭，似乎不是很確定。

其實難過的時候會想哭，開心的時候也可能喜極而泣，哭泣是行為，但背後可能是不同的情緒。當我們分不清楚情緒、想法、行為，搞不清楚自己怎麼了，要調節情緒就會相對困難。

從小到大，我們被告誡要情緒穩定，但未必有人教導我們該怎麼調節情緒。不少人誤以為情緒穩定就是要讓自己成為沒有情緒起伏、毫無負向情緒的人，所以對情緒避之唯恐不及，用壓抑、否認、忽視、合理化……等策略來應對。雖然短時間內好像可以暫時處理眼前的困難，但是長久下來，大腦與身體失去了連結，反而讓情緒「卡住」了。

情緒是需要出口的，當負向情緒積累，又沒有適當的調節方法，就有可能以身體不適（頭痛、腸胃疾病、自律神經失調……）或社會不認可的方式展現，例如：攻擊、各種成癮行為、自我傷害……。

反之，要讓情緒能夠「過去」，需要的則是覺察它、辨識它、允許它和表達它。讓情緒像一條河流，在我們的大腦和身體裡輕柔地流動。但這要怎麼做到呢？

感謝展誥心理師這本書的問世，不只系統性地說明了負向情緒主要的三個層次（失望感、挫折感與無望感），還分享多年的諮商和演講實例，最後搭配對話練習，讓我們有機會學習如何覺察情緒、同理和安頓自己，進而也能適當回應孩子，為孩子營造一個情緒能自在流動的環境，培養情緒調節的能力。

推薦文

引領孩子成為情緒的主人

澤爸（魏瑋志）（親職教育講師）

以前自認為是個情緒ＥＱ很高的人，因為很少生氣的緣故，大家也說我是位「好好先生」。自從結婚與有了孩子之後，我總覺得有地方不太對勁，特別是平時很少發脾氣，可是一生氣的時候，會呈現大爆炸的狀態，兩者的落差有些巨大，連兒子都曾跟老婆說過：「為什麼爸爸生氣的時候好可怕？我不喜歡發脾氣的爸爸。」

生氣的情緒爆炸完後，看到老婆與孩子恐懼的臉龐，內心會不自覺地有內疚感，可是，接連而來的是「為什麼你們都可以有情緒？我好像不能生氣一樣」的委屈感，彷彿「好好先生」是我的原罪一般。

後來學習了關於情緒的課程，才明白原來是我的情緒卡住了。

如果用火山來形容情緒，當裡面的岩漿在冒出時，我所採取的方式是忽略，假裝看不到或忍耐著；以為消失了，其實只是壓抑著，直到火山的容量滿了、承受不住了，囤積已久的情緒來個徹底大釋放。

明白後，我嘗試覺察情緒的產生，用適當的方式穩住情緒，再用適合自己的方法來調節與宣洩，呈現正向的情緒流動，大爆炸的樣貌也就沒再出現了。

胡展誥諮商心理師的《情緒流動》，就是從穿越負面情緒的表層、嘗試探索情緒的背後原因，以及培養情緒調節的能力，讓我們能與孩子一起看見自己的情緒，體驗到情緒平穩的自在與寧靜。

書中還有內在對話的練習，幫助我們一步步靠近孩子的內心，貼近內在需求，引領孩子養成情緒調節的能力，成為情緒的主人。

推薦文

以流動的情緒，解凍親子關係

館長小編（彭冠綸）（《療心圖書館》作者）

《情緒流動》這書名取得真好。情緒流動，代表情緒會來，但情緒也會走。情緒會來來去去，而且這是正常的。

情緒應該是中性的字眼，不知道從什麼時候開始，「情緒」這兩個字開始帶有負面標籤，認為有情緒是不好的，大人不應該有情緒，我們也教導孩子不要有情緒。

事實上，有問題的不是情緒，而是我們怎麼去面對我們的情緒。在情緒的當下，會覺得自己很糟，覺得自己無能為力，但如同書名所說，情緒會流動，我們不應該用理性抵擋情緒，否定自己當下的感受，而是順著情緒的水流，好好關照自己「我現在怎麼了？」、「我可以怎麼幫助自己？」。

察覺情緒的出現，允許自己的情緒流動，也允許孩子的情緒流動。唯有我們成為能誠實面對自己情緒的大人，才能接住孩子的情緒，孩子也會學習我們面對自己的情緒。如同展誥書中所說：「先成為情緒穩定的大人，才能教養出情緒穩定的孩子。」

家庭關係上，你常感到失望嗎？親子教養上，你常感到挫折嗎？人生旅途上，你常感到無望嗎？如果這是你，你不能錯過這本書。

讓胡展誥心理師帶著你面對自己的情緒，感受情緒的流動，看見在情緒背後自己真正的需要，也看見孩子在情緒背後真實的樣貌。當情緒流動的時候，冰凍的親子關係就解凍了。

推薦文

做好下一代的情緒源頭

羅怡君（親職溝通作家與講師）

展誥心理師將內在情緒喻為一條河，這本新作猶如一本治水疏濬操作手冊：面臨無法覺察情緒的枯水期、過於混濁停滯的死水狀態、山洪爆發的氾濫成災……，各式缺乏平日流動的因果呈現，象徵漸漸失去自我調節的功能。

書中的十一個對話練習，協助我們透過建構過河的踏腳石，即使身處負面情緒，仍可拉高視角接納自己；實際案例讓我們觀看前者留下的對話繩索，感受情緒帶來的溫度與動人的生命故事。

情緒穩定的大人，才能養育出情緒穩定的小孩。《情緒流動》帶領我們回溯源頭，重建社會情緒學習的基礎工程，更提醒著大人，我們也是下一代的「情緒源頭」，如何示範讓情緒成為一種正向的提醒警訊、自我探索的工具，是給孩子一生受用的珍貴禮物。

推薦文

照顧孩子情緒，也照顧自己

鐘穎（心理學作家、「愛智者書窩」版主）

情緒調節的能力是個人幸福感高低的重要指標。幾乎沒有例外，痛苦的人經常會將自己的痛苦傳遞給別人。如果你總看他人不滿意，看世界不完美，真正的問題很可能出在你內心的悲傷與憤怒。

多數的心理師會教導我們問候一下難受的情緒，別急著將它趕到別人身上。如胡展誥心理師所說，一旦有了你的接納，就會發現負面情緒沒有留下來的理由。

網路世界有多少奉行取消文化的鄉民，就有多少活在自我否定之中的人。他們的情緒總是快速地擺盪在兩極之間，無法控制內心的地雷何時會爆炸。這樣的人也是個將生活滿意度交給別人決定的人。

因此，這本書我認為不只是大人學來陪伴自己孩子用的，也是大人學來陪伴自己內心的孩子用的。

憤怒而自卑的偽大人如此多，他們的失望與挫折四處流竄，助長了極端的部落主義風氣。

但解方可以很簡單，那就是打開這本書，開始跟著作者自我照顧。讓你自己幸福，世界也會跟著幸福。

情緒流動

11個內在對話練習，陪伴孩子調節情緒

目錄

Part 3

培養情緒調節力

自序

內在情緒，是一條河

我的爺爺是一個典型的傳統男性，身形魁梧，說話的音量像雷聲般宏亮，遠遠幾條街外就能聽到他的聲音。他的臉上沒有太多表情，眉宇之間經常透露出一股不允許被挑戰的威嚴。不過在我的眼中，他好像只是一個忘了被縫上微笑的大娃娃，雖然外表看起來很嚴肅，但內在其實很柔軟。

國小放學走路回家的途中，會經過爺爺當時經營的農藥行。大太陽底下，我會大搖大擺地走進店裡喝一杯爺爺泡的茶，然後跟爺爺撒嬌要零用錢去隔壁雜貨店買餅乾，或者到附近租一片小叮噹錄影帶回農藥店觀看。在那個他用來談生意的場合，能夠容許一個小毛頭在裡面吃餅乾、開心地看卡通，就能看見爺爺對我的包容與疼愛。

晚年的他經歷二次中風，肢體動作和語言表達能力退化許多，不僅說話時咬字發音不清楚，原本就單調的臉部表情顯得更僵硬，讓旁人感覺難以親近。他的整體狀況退化得很快，生命最後幾年都是在安養院度過。

我對他有好多的愧疚，在他中風之後，因為聽不清楚爺爺說的話，以及他會無法控制地抽動臉部肌肉、掉眼淚，映照在他嚴肅的五官上，看起來讓我覺得格外尷尬，不知道該如何回應他，所以我會不自覺地避開與他互動。後來我到外地求學，與他的距離就變得更加疏遠。

二〇一一年的一個傍晚，我正在上研究所的課時，接到家人的電話，得知爺爺在安養院過世了。我很冷靜地說：「我知道了，等我晚點下課後再回家。」同學與老師都善意提醒我先回去，但我一貫冷靜地表示沒關係，我想要聽完整堂課。可是在課堂上，我發現自己無法專注在老師講授的內容，也感覺到自己的身體變得有些僵硬，呼吸不太順暢，分組討論時也難以投入其中。後來我還是向老師請了假，提早離開課堂。

騎著摩托車回家的路上，腦袋不停浮現小時候與爺爺相處的點點滴滴，眼角的淚水禁不住跟著滑落。直到後來，眼淚浸溼了口罩，安全帽鏡片上的霧氣模糊了視線，我索性把車子停在路邊，一個人蹲在漆黑的省道旁哭了好幾分鐘。

那一段時間裡，我感覺到內在好像有一股能量持續往外傾洩，身體慢慢地從沉重到輕盈，從緊繃到放鬆。

多年以後，回顧起這件事，我發現即使當時我已經在研究所受訓，準備成為一個專業的心理師，但是面對親人離世，我卻不自覺地採取壓抑的方式來因應內在的悲傷、失落與內疚。或許這種處理情緒的方式，與我的爺爺（或者說與傳統文化下的許多人）是很像的。

回想起來，除了小時候被大人處罰之外，我好像沒有掉過幾次眼淚。被同學欺負的時候、大考落榜的時候、失戀的時候……，我沒有掉過任何一滴眼淚。哭泣在我的成長歷程中是不被鼓勵也不被允許的。哭泣只會換來嘲笑、責罵，甚至處罰，因為那是脆弱、不懂事、惹人厭的表現。所以我學會了避開任何可能引發眼淚的情境：避免觀看感人的電影，或者在觸動人心的橋段開始之前離開現場；我會搶在對方開口之前提分手，或在對方掉眼淚時努力轉移話題，甚至面無表情地對他說「這沒有什麼好哭的」，一如從小當我掉眼淚時，大人對我說的話一樣。

收到爺爺過世訊息的當下，我的大腦以自動化的反應迅速提醒自己：「好喔，我知道了。這是一件應該要很悲傷的事情，但爺爺畢竟年紀大了，這也是沒辦法的。況且我還有重要的課程內容要做筆記，有什麼事情等下課以後再說吧。」

對於突如其來的重大事件，我的大腦以迅雷不及掩耳的速度搶先一步掌控全局，提醒自己該如何反應才不會顯得驚慌失措，才符合一個成熟大人或專業人士該有的平穩與鎮定。同時，身體也自動啟動一連串機制來壓抑情緒，幫助自己維持理智，因應眼前的任務。

這是長年以來訓練的結果，我的大腦與身體失去了連結，我選擇完全站在理性這一端，同時壓抑了身體的反應與感受。我將自己形塑成這個環境期待的樣子，代價則是讓情緒在不知不覺間被忽視，停止流動。

我相信，每一個人都擁有自己處理情緒的方法，若不是如此，我們無法度過成長過程中大大小小的考驗。可是如果我們採取的策略都是壓抑、否認、忽視……，短時間內或許可以幫助我們因應眼前的困境，長時間下來卻會形成情緒不流動的狀態，白話來說就是情緒被「卡住」。那會是什麼情況呢？

你生氣了，卻毫無覺察自己正在生氣。

你悲傷了，眼淚卻找不到宣洩的出口。

你失望了，卻不知道該如何表達需求。

你挫折了，卻只是批判自己，忘了如何自我照顧。

你經常重複特定負面情緒，卻不知道原因為何。

你漠視了長期累積的壓力與焦慮，誤以為那是弱者才會有的反應，卻忽略了你的身體正以健康作為代價，一點一滴幫你承受這些負能量。

後來有一年清明節到納骨塔掃墓時，我特地找了個空檔，點燃一炷香，獨自站在爺爺那一貫不苟言笑的照片前，在心裡對他說：「爺爺，笑一下嘛。你笑起來一定很帥氣。」並且充滿感謝地告訴他，謝謝他幫我找回掉眼淚的能力，讓我能夠更靠近自己，也成為更柔軟的人。

希望正在閱讀這一本書的你，也可以慢慢聽見自己的情緒，重新練習表達情緒，允許內在的情緒像是一條河流，輕輕柔柔地流動；能夠感受到情緒的升起，疏導這個情緒，然後體驗到情緒逐漸平復的寧靜與自在。就好像我們坐在一條河流旁，清楚地看著水流，但不去干涉或控制它。假如情緒是海浪，雖然我們無法控制海浪，卻可以藉由練習，逐漸熟練衝浪的技巧。

前言

大多數問題行為，都是情緒的問題

面對一個正在情緒上頭的孩子，而你自己也處在疲勞無助的狀態時，是否曾經浮現過這些念頭？

- 明明只是一件小事，有什麼好生氣的？
- 有話為什麼不好好講，要用生氣的？
- 怎麼樣才能讓孩子的情緒趕快消失？

我寫這一本書，就是要回應這三個問題。

曾經有一位家長來找我討論關於孩子的叛逆行為。他說就讀小學五年級的哥哥有好幾次動手揍了幼兒園中班的弟弟，溝通了很多次還是沒有用。我請家長描述一段他與哥哥的對話。

家長：「你為什麼要打弟弟？」

哥哥：「因為弟弟跑進我房間！」

家長：「那你用講的就好了啊！」

哥哥：「我講過很多次了，可是沒用啊！」

家長：「那你也不可以打弟弟啊。」

哥哥：「可是他就一直跑進我房間，弄壞我的東西啊。」

家長：「反正你下次再這樣，我就修理你！」

「你們在對話的時候，哥哥的反應是什麼呢？」我問。

「我在跟他講話的時候，他的口氣很差，臉色也很臭。到底怎麼樣才可以讓他願意好好溝通呢？是因為哥哥開始進入青春期的叛逆階段了嗎？」家長很苦惱。

不知道讀者是否已經在這一段對話中看出一些端倪？哥哥真的不願意溝通嗎？還是他其實已經努力傳達了想要表達的內容，但是大人卻沒有接收到呢？

仔細觀察這一段對話，不難發現哥哥很清楚地表達「不喜歡弟弟跑進房間」、「跟弟弟說了也沒有用」。房間被弟弟擅自闖入，哥哥的情緒很可能是生氣；跟弟弟說了很多次都沒有用，哥哥的情緒可能是挫折，因為不知道如何處理這個問題，也不知道該如何安頓負面情緒，最終採取的策略就是藉由攻擊來制止弟弟侵犯界線的行為。假如他又因此被家長責怪（壞脾氣、叛逆、不愛護弟弟），還會引發委屈的情緒。種種負面情緒累積之下，他在回應家長時，當然就不會有好臉色。

情緒需要出口，特別是令人難受的情緒。倘若任憑負面情緒累積又找不到調節情緒的方法，很可能就會採取社會不認可的方式，例如：攻擊、逃避、偷竊、物質濫用、傷害自己……。

打人的行為當然不對。即使哥哥不是真的想要傷害弟弟，但他不知道該如何制止弟弟的行為，也不知道如何調節不舒服的情緒，所以他使用的方式不僅傷害了弟弟，還可能令自己陷入另一個困境（被父母處罰）。想要引導哥哥調整他的行為，首要之務是必須看懂行為背後的情緒，聽見情緒，並且安頓情緒，才可能在行為層次達到真正的改變。

第一部：穿越負面情緒的表層

「明明只是一點小事，有什麼好生氣的？」

情緒與個人解讀事情的觀點密切相關。到底是「大事」還是「小事」，是由當事人的主觀感受來決定，而不是由旁人來論斷。倘若我們一開始就認為這只是一件小事，不需要大驚小怪，在立場上就已經與孩子拉出一段距離，難以深入了解情緒背後的訊息。

這本書的第一部，要陪伴各位家長和老師了解你在情緒教育中所扮演的重要角色，「言教」只是情緒教育中最基礎的一部分，更重要的是我們必須讓自己處在相對穩定的狀態，才能陪伴孩子調節情緒，幫助孩子大腦裡掌管衝動和理智的部位連結得更好，進而提升情緒調節的能力，也降低失控暴走的頻率。

你也會從中發現，其實你處理情緒的方式與小時候（甚至沒有明確印象）被主要照顧者對待的方式密切相關。如果你覺得自己是一個拙於處理情緒、時常因應情緒化而失控的人，現在你可以用理解來取代自責與愧疚，並且選擇用不同以往的方式來教養你的孩子。更重要的是，許多情緒都是層層堆疊的結果，唯有穿越情緒的表層，才有機會聽見孩子真正的聲音，並且採取適當的回應。

第二部：負面情緒的三個元素

「有話為什麼不好好講，要用生氣的？」

如果可以好好說話，我相信大多數的人不會選擇生氣；如果溝通能夠很順暢，我相信沒有人願意開啟冷戰；如果悲傷能夠有一個傾洩的管道，我相信人們不會刻意躲開人群，將自己鎖在孤獨的空間。

負面情緒除了像是一隻讓人感到不太舒服的討厭鬼之外，其實它更像是一個渴望被深度傾聽、耐心回應的小朋友，它的內在住著**失望**、**挫折**與**無望感**：

- 「失望」想說的是，你正因為事情發展不如預期而感到難受。
- 「挫折」想說的是，你的行動無法達到期待的效果，因而感到難受。
- 「無望感」想說的是，你累積了太多的失望與挫折，因此對許多事情感到懷疑，失去行動的勇氣與動力。

負面情緒總是奮力地舉起小手手，用力呼喊，希望可以被聽見、被安撫。它從不輕易放棄任何能夠被他人聽見的機會，必要時也不排除使出各種激烈的手段。就像前面提到的那一位哥哥，無論是動手揍弟弟、向家長解釋，或者與家長對話時擺出來的臭臉，其實都在表達內在的情緒與需求。

我們很習慣把負面情緒視為一種只有破壞、沒有任何價值的存在，好像它是從洞裡鑽出來的地鼠，用手中的槌子用力一敲，就能夠消滅它。但處理情緒的方式剛剛好相反：當這一隻地鼠從洞裡鑽出頭來，我們得先清清楚楚地看見它，承認它的存在，然後用手輕輕地摸一摸它，傾聽它想說的話，並且給予適當的回應。通常這麼做之後，不用你的催促，負面情緒自然而然就會慢慢地消退，並且重新恢復平穩的狀態。

第三部：培養情緒調節力

「怎麼樣才可以讓孩子的負面情緒趕快消失？」

我常聽到大人對於正在哭鬧的孩子說：「我數到三喔！你再哭（吵）給我試試看！」但是說真的，如果就連有豐富社會歷練的大人都會對一件事情記恨多年，會因為各種煩惱而吃不下飯或睡不著覺，又怎麼能夠期待一個大腦還沒發育成熟的孩子在短短三秒鐘內安頓自己的負面情緒呢？

這本書的第三部是關於情緒調節力的培養。想要陪伴孩子長出情緒調節力，必須先允許情緒流動——允許情緒有浮現、也有消退的時候。事實上，**我們可以將情緒流動視為生命的原廠設定值**。就像是界線被侵犯的哥哥會生氣，被家長誤解的時候會有委屈，倘若我們能夠傾聽並回應這些情緒，生氣與委屈也會漸漸消退，這就是情緒的流動。

時間會過去，事件會過去，但是過不去的往往都是情緒。過不去的情緒像是擺脫不了的魂魄，日復一日地被我們牢牢扛在身上，離不開也散不去。我在心理諮商中遇過許多身心議題是來自於長年不流動的情緒。當一個人壓抑或否認情緒時，身體就必須動員額外的能量來抑制這些情緒，長久下來往往會形成各種身心疾病。

情緒流動意味著一個人不需要花力氣去抵抗情緒，倘若能夠搭配合適的情緒表達方式，就能像衝浪一樣，順利地度過一波又一波的情緒浪潮。

此外，在討論情緒議題時，有一個重要的因素經常被忽略——核心價值感。這是一個人喜歡自己、覺得自己價值高低的主觀感受。

缺乏核心價值感的人經常感覺到自己是不被愛、不受尊重、被忽略，用這種方式來解讀人際互動，很容易產生受挫、憤怒的負面情緒，遇到挫折時也容易陷入低潮與放棄的狀態。因此想要培養孩子長出良好的情緒調節力，我們也要同時滋養孩子的核心價值感。

最後，我希望能夠陪伴你一起幫助孩子學習自我覺察，這是一種向內自我觀察的能力，讓孩子能夠留意到內在的情緒，留意到自己如何表達情緒，知道自己的言行對他人造成哪些影響。即使對成人而言，這也是一種很不容易的能力。

雖然我洋洋灑灑地寫了許多想與你分享的重要內容，但這不代表我認為幫助孩子長出情緒調節力是一件簡單的事情。相反地，很多時候事情本身往往不困難，困難的是一旦參雜情緒之後，溝通的管道就關閉了，行為失去了理智，許多重要的聲音也被深深地鎖在內心。所以我在書裡設計了許多練習，藉此陪伴你一步一步靠近孩子的內心，一點一點聽懂情緒背後的訊息，慢慢地找到打開溝通大門的鑰匙。

困難的事情不代表做不到，每次進步一點點，有一天你會發現：啊！原來自己已經不知不覺往前邁進了一大步呢！

希望身為大人的你在閱讀這本書的時候，可以跳脫「哎呀，我以前都做錯了，真的很糟糕啊」的想法，而是鼓勵自己「哦，原來還可以這樣回應呀？下次有機會我也要來試試看」。

PART 1

穿越負面情緒的表層

情緒可以分成三種層次：初級情緒、次級情緒，

以及最隱微的第三層情緒。

每一層情緒都有不同的心理機制及回應的方式。

適當的回應才能有效安頓情緒。

第1章

主要照顧者的重要性

在超過千場的演講中，有過幾次遇到大人半開玩笑地問：「既然講座的主題是要培養出情緒穩定的孩子，幹嘛不直接叫孩子來聽，教他們如何保持情緒穩定就好？還要我們花時間來聽課呢？」

面對這種提問，我有時候也會開玩笑說：「因為孩子被叫去補習了，所以只好由你們來聽。」或者說：「沒辦法，孩子是誰生的就由誰負責來聽演講。」有些父母很可愛，聽了之後笑著轉頭跟伴侶說：「聽到了沒有？誰的孩子誰就要聽演講，所以你留下來！」

笑聲漸歇後，我會先肯定剛剛舉手提問的家長，因為這真的是一個很重要、也很棒的問題，並且請大家容許我用一段時間好好地回應。想要幫助孩子情緒穩定，為什麼要邀請家長來聽演講，或者是閱讀你此刻正在讀的這一本書呢？

因為**想要養出情緒穩定的孩子，你得先成為一個情緒穩定的大人**。

一個情緒穩定的大人，意味著你本身就擁有一定程度的情緒調節能力。這並不是說你必須讓自己成為一個沒有情緒起伏或毫無負面情緒的人。一個擁有良好情緒調節力的人，意味著大多數時刻可以做到這兩件事：

一、當情緒進入過於高漲或低落的狀態時，能夠覺察到情緒的起伏。

二、覺察之後，能使用適當的方式陪伴自己慢慢恢復到穩定的狀態。

父母親在孩子的情緒發展上，扮演了三種極為重要的角色：

角色一：提供情緒穩定的成長環境

大腦裡面有一種神奇的存在——鏡像神經元。鏡像神經元可以幫助我們在語言之外，對於對方的狀態產生感同身受的效果。

好比說，台語有一句諺語「別人在吃麵，你在喊燒（燙）」，或者當你看見身邊的人被利刃劃傷手指時，驚嚇的同時也會不自覺發出「啊」的聲音；有時候當對方講到傷心之處聲淚俱下時，我們也不自覺感到鼻頭一酸。對於學校老師或公司職員來說，也經常有共同的體驗：下午一點開會時，在昏昏沉沉的狀態下只要有一個人打呵欠，其他人也會像是被傳染一樣，忍不住紛紛打起呵欠。這些現象往往都是鏡像神經元作用的結果。

如果父母的感情融洽，家人的互動友善且充滿滋養，孩子的大腦與神經系統無須經常處在緊繃且需要充滿戒備的狀態，於是孩子會在這種環境當中感覺到放鬆、自在，保持著正向且樂觀的情緒；也因為無須對環境保持戒備或緊繃，所以他對這個世界會抱持信任的態度，並相信雖然偶爾有危險，但身邊的人會保護他、幫助他，也因此對人比較能夠建立起信任的關係。

一個家庭假如經常因為各種壓力而處在焦躁不安、憂鬱低落的狀態，且家庭成員之間的關係很緊張，孩子的情緒也可能會變得非常敏感，稍有一些風吹草動就會引發較大的情緒起伏。

千萬不要忽視這種現象，特別是那些出生或成長於戰亂中的嬰幼兒，稚嫩的感官接觸到的盡是哭泣、尖叫、憤怒、恐懼……，無論他們的身體是否直接受到戰爭帶來的傷害，大腦與神經系統都已經受到非常嚴重的影響，殘留在身心的創傷反應，往往是一輩子也很難代謝掉的。

問題來了，倘若大人的情緒狀態不好，但強顏歡笑地告訴孩子「爸爸（或媽媽）沒事」，這樣孩子就不會擔心了嗎？請記得：鏡像神經元就像是一個敏銳的偵探，它能銳利地觀察到你的眼神、語氣等各種細微的線索。大人努力壓抑內在的情緒，自以為掩飾得很好的「我沒事」，對於安頓孩子的情緒幫助並不大。

此外，情緒穩定的父母也比較能夠具備一種很重要的能力，就是覺察到孩子有狀況（或者有需求），並且及時給予適當的回應。如果大人自己都處在狂風暴雨、自顧不暇的狀態中，連要照顧自己都是一件苦差事，當然沒有多餘的力氣去關照孩子。相對地，如果我們能夠處在相對平靜與沉穩的狀態，就能夠敏銳地覺察到孩子的情緒與需求，並且適時地給予回應和照顧。

角色二：同理並安頓孩子的情緒

當孩子有情緒產生時，倘若父母可以陪伴孩子認識情緒、安頓情緒，並且成功度過當下的情緒，孩子就可以在父母親的引導與陪伴中有效地讓情緒流動——緩和情緒的強度，回到平穩的狀態。這是一種藉由外力輔助幫助個體度過情緒風暴的歷程。

這就好像你剛開始去駕訓班學開車時，必須先聽從教練的指示，從頭開始慢慢地練習每一個步驟：路邊停車時方向盤要向右打一圈半，上坡起步時要記得拉起手剎車，在離合器和油門配合得當的情況下再次慢慢放下手剎車，直線加速時要等到引擎轉速聲音明顯的時候才換檔……，這些步驟都需要外力提醒，然後刻意提醒自己去執行，過程中顯得費力且不自然。但是當你熟練了開車以後，這些瑣碎的步驟早已經成為你的一部分，與你融為一體，執行起來得心應手，也不需消耗額外的心力。

「但這樣子，會不會讓孩子一輩子都依賴別人來幫助他安頓情緒呢？」

請放心，這種陪伴不會持續一輩子，就像你現在已經不需要依賴教練坐在一旁叮嚀你、幫你踩輔助剎車（你知道有這種東西存在嗎？）也能獨自輕鬆駕馭愛車，前往任何你想去的地方。大腦的發展是依循「用進廢退」的原則：經常使用的就會建立起更緊密的神經迴路，讓你往後在運作這項能力時變得更熟練，也更不費力。生活的許多技能是如此，情緒調節也是如此。

在這個過程中，同時有另一個正向效應正在發生：在你的陪伴當中，孩子知道無論遇到什麼事情，內在掀起多麼大的波瀾與不安，只要有你在，就像是擁有一個強大而安全的避風港，就是一股安定的力量；只要有你在，他就有自信能夠度過眼前的困境，重新回到平靜的狀態。這樣的親子關係，可以帶給孩子滿滿的歸屬感與安全感。

角色三：教導孩子表達情緒的方式

「情緒表達」就跟學習日常生活中的許多技能一樣，都需要大人的以身作則（身教）與教導（言教）。重點是身教遠遠勝於言教。

阿志說，小時候家裡在傳統市場擺攤做生意，父母常因為生意不好而吵架，一開始是摔東西，互相責罵，後來則是進入數日冷戰。那幾天他和妹妹都過得戰戰兢兢，深怕一不小心就會掃到父母親的颱風尾。

這場戰役的末端通常是由父親先發聲，他會要求阿志去問母親想吃什麼，阿志也只能聽命行事。

「媽……爸爸問你想吃什麼，他要請你吃飯。」面對著冷戰中的母親，阿志鼓起勇氣問。

「他如果有誠意，就叫他自己來問我，不要派你來。」母親冷冷地回答。

「爸，媽叫你自己去問她……」阿志又回去傳話。

「嘖！真是沒用，連這也問不到！你再去給我問清楚，不然你也不用吃飯了。」

「媽，拜託你告訴我啦……」阿志硬著頭皮再去求母親。

「叫他自己來問，你不要再來煩我了。」母親不為所動。

多次往返之後，阿志也覺得不耐煩了。「你們自己的事情，可以自己解決就好嗎……」

「什麼叫做你們自己的事情？我們就是為了這個家、為了你們兄妹二人才會這麼煩心，你怎麼這麼沒有耐心？叫你做一點事情，你那是什麼態度？」父親開始訓誡起阿志。

神奇的事情發生了。每次當父親開始訓誡阿志時，原本冷戰中的母親也默默加入父親的行列，一起訓斥起阿志，有時候父母訓斥的內容連阿志都摸不著頭緒。總之，二人罵完以後就會一起出門，回家以後有說有笑，好像什麼事情都沒有發生過。而此時，阿志還因為莫名其妙的理由被罰站在客廳的一角。

上大學之後，阿志陸陸續續談了幾段戀愛，後來都不了了之。他說，每一次發生爭吵，他就會想盡辦法逗對方開心，買東西送對方，但不知道為什麼，他覺得這些女生的內心世界有夠難捉摸，即使使出渾身解數，都不一定能成功讓對方消氣。到後來他開始厭倦談戀愛，他不知道如何安撫對方的憤怒，也極力避免在關係中發生衝突。他極盡所能地壓抑自己的情緒，也努力討好對方，但這一切都讓他越來越疲憊。

「你根本不知道我在氣什麼！」有一任女友在提分手時這樣對他說。

「多年以後想起這一句話，其實她說得很有道理，」阿志說：「我可能從來都沒有學會『道歉』這件事。」

回想一下，你的童年有過類似經歷嗎？父母在處理衝突的過程中，採取了攻擊（指責對方）、迴避（開啟冷戰），將不相干的第三者（很可能就是你）拉進來作為代罪羔羊，轉移彼此衝突的焦點，然後用討好（請吃飯、送東西）的方式來化解彼此之間的不愉快。表面上看起來，夫妻似乎成功度過了一場衝突，但實際上，他們還是沒有學會如何在衝突中反思、與彼此對話，也沒有表達出真誠的道歉。下一次生意不好的時候，同樣的戲碼很可能又會重演一次。長時間在這種環境底下成長的阿志，當然也沒有學會如何面對衝突、如何反思、如何向對方道歉。

沒有一段關係是不會發生衝突的，衝突只是凸顯出彼此在某些觀點上的差異。學會理解、尊重並接納彼此的差異，才是關係經營當中重要的課題。倘若父母親能夠用正向的方式處理彼此之間的衝突，對孩子的情緒調節就是最重要的身教。

阿志是被現任女友「拖」來談話的，他們即將邁入婚姻，但女友總覺得無法與他在情緒上有更深入的連結。阿志在檢視童年經驗之後發現，自己在面對親密關係的衝突時，似乎也不自覺地使用迴避和討好來應對，但這些策略顯然無助於關係的經營。覺察到這個狀況之後，阿志坦承自己其實很擔心，倘若沒有改變的話，未來會不會也將童年經驗複製在孩子的教養上？

「我到底該怎麼辦呢？」阿志問。

「現在的你已經是一個大人了，假如不想在婚姻中重複父母處理衝突的套路，你覺得還可以如何回應你的女友呢？」

在我的鼓勵之下，阿志慢慢地想出了幾個句子：

- 我現在很生氣，沒辦法好好說話。我們晚上再來談，好嗎？

- 當我聽到你說＿＿＿＿＿＿，我還滿難受的。
- 當我說＿＿＿＿＿＿，我發現你的臉色不太好看。是不是這句話讓你感覺到不被尊重？
- 我不太能理解你想表達的，你可不可以再說一次？
- 我可以做什麼，會讓你覺得比較好受呢？

「說這些話的時候，你感覺怎麼樣？」我問。

「有一點尷尬，」阿志靦腆地笑著說：「但說真的，感覺還不差。」

阿志說出這些句子的同時，我發現一旁的女友表情有些訝異。我問她是否想到了什麼？她說：「謝謝你幫我把男友的靈魂找了回來，我一直覺得他其實是一個很柔軟的人，可是不知道為什麼，這些聲音好像一直說不出口。」

我猜，那是因為他從小沒有這樣被善待過，所以在他的字典裡當然也就不存在這些詞彙。

讀到這裡，你大概已經有所體悟：想要養出一個情緒穩定的孩子，大人絕對無法置身事外。這也是你現在正在閱讀這一本書的重要原因。孩子的情緒教育從來都不是等到上幼兒園或小學才由學校老師來教導，父母本身的情緒調節、伴侶之間的溝通與互動、回應孩子的方式，都是對孩子最重要的情緒教育。奇怪的是，這麼簡單的道理我們都懂，但是當大人在要求孩子的同時，卻經常示範出相反的樣子：

- 用生氣的語氣叫孩子不要生氣。
- 用沮喪的語氣告訴孩子不要沮喪。
- 用焦慮的狀態告訴孩子不要緊張。
- 用打罵的方式告誡孩子不能打架。

這種與行為不一致的語言，常常會讓孩子感到很困惑。
希望我們都不會成為這種「說是一套，做又是另一套」的奇怪大人。

先成為情緒穩定的大人，才能教養出情緒穩定的孩子。

第2章

發生在你「懂事之前」的事情

想要陪伴孩子學會調節情緒，我們得先成為一個能夠調節自我情緒的大人。但這件事情不像用說的這麼簡單，也絕對不是你對孩子下指令，或是叫他「不許哭」、「這沒什麼好難過的」、「振作一點啊」，孩子的情緒就會依循你的指令變化。調節情緒的能力就跟我們在生命初期從四肢爬行到雙腳站立走路、從踩穩腳步再到學習跑步一樣，是循序漸進、慢慢發展的。情緒調節必須仰賴主要照顧者適當的陪伴與回應，才能幫助孩子在成長的過程中一點一點逐漸發展成熟。

在這一章節開始之前，我想邀請你試著回答這十個問題：

□從小，你感覺父母親（或主要照顧者）的情緒經常明顯起伏嗎？

□從小，你經常要面對父母親之間的衝突、冷戰嗎？

□從小，你是否覺得自己該為父母的情緒負責？好比說，覺得都是因為你的關係，爸媽才會吵架、不開心。

□你常覺得自己在父母親的眼中，是一個不懂事、不夠好的孩子？
□從小，你經常感覺到表達負面情緒是不被接納、不被允許的嗎？
□從小，當你表達需求時，是否常感到家人不耐煩或厭惡的反應？
□在家裡，你傾向表現出父母期待的樣子，而不是放鬆地做自己？
□在父母面前表達脆弱的經驗時，你總是特別緊繃、難以放鬆？
□就連開心或有成就感時，也擔心受到父母的批評或嘲諷？
□在原生家庭裡，你常覺得「不要表達任何情緒」才是最安全的選擇？

假如你有許多答案都回答「是」，或許你在成長的過程中，也鮮少在情緒方面有被大人好好陪伴的經驗。這不是意味著要去譴責我們的主要照顧者，或許他們自己也是另一個鮮少被好好陪伴的孩子。這十個問題純粹只是幫助我們了解在情緒調節能力的發展上，我們得到的引導或學習可能是比較匱乏的。

雖然，身為父母的我們已經無法改變自己過去被養育的經驗，但我們可以從此刻開始了解教養對孩子情緒發展的重要性，並且學習調節自己與孩子情緒的方法。或許你在閱讀這本書的時候，會不斷地重新回顧自己的童年經驗，理解長大以後的自己（或伴侶）為何在某些情緒的處理或表達上屢遭困難。**假如，你發現童年經驗阻礙了**

你現在處理情緒、表達情緒的能力，你可能會感到挫折，但請你千萬不要自責。希望你在閱讀這本書的過程中，不只是把注意力放在孩子身上，也能夠用溫柔友善的態度來陪伴自己覺察情緒、安頓情緒。

早期養育風格的影響

相較於其他動物，人類在剛誕生的時候是很脆弱的，幾乎不具備任何單憑自己生存下來的能力。凡是有任何需求浮現，諸如：肚子餓、大小便、覺得太冷、光線太暗、感到寂寞……大腦的壓力反應系統就會開始啟動。為了幫助自己活下去，嬰幼兒只能使出唯一的求生策略——哭泣。

孩子一方面藉由哭泣來舒緩壓力的感受，一方面則透過哭聲來呼喚主要照顧者：「哈囉，有人在嗎？我遇到困難了，誰可以來幫幫我？」

孩子拋出了求助的訊息，此時大人的回應方式，很可能決定了這個孩子未來因應壓力的能力和表達情緒的方式。

假設有A、B、C三個嬰兒，各自生活在不同的家庭，我們來看看主要照顧者與他們的互動分別會為他們帶來哪些影響：

一、適當的回應，才能建立安全連結：

當A哭泣的時候，主要照顧者聽見了，然後將哭聲解讀為孩子因為有需求而發出的求助訊號，並且願意放下手邊的工作，盡快來到孩子身邊查看狀況，然後溫柔地撫摸孩子，抱起孩子輕柔和緩地搖一搖，溫柔地對他說說話。縱使有時候大人錯誤解讀孩子的需求，好比說：孩子其實是肚子餓了，父母卻先去檢查尿布裡是不是有大便，或者把冷氣的溫度調高一些，這都沒有關係，畢竟對許多新手父母而言，孩子的哭聲聽起來似乎都一樣，要精準判斷哭泣背後的需求並不是一件容易的事。

不過，光是你與伴侶熟悉的身影能夠適時出現在嬰兒床旁，加上溫和的臉部線條與口語回應，溫柔地將孩子抱在懷中，就能有效地讓嬰幼兒感到安心許多。也因為你的介入，幫助孩子解除了不舒服的狀態，滿足他的身心需求，在這個過程中，他的大腦會逐漸建立起「需求引發不舒服的感受→求助之後有人會來幫我→壓力逐漸消退」的正向連結，情緒也能慢慢恢復穩定。

於此同時，身體在發出了求助訊號之後，來自大人的善意回應會讓孩子對這個世界建立起信任感，相信有人會來幫助自己。未來當他進入學校之後，遇到困難或有需求浮現時，就比較有可能勇敢舉手說：「老師，我想要去尿尿。可以嗎？」「現在我不知道該怎麼辦，可以請你幫幫我嗎？」

二、恐懼會引發更大的壓力：

讓我們把鏡頭轉到幼兒B的家庭。在這個家庭裡，父母或許因為工作忙碌、經濟壓力，或者因為各種原因處在情緒不佳、身心俱疲的狀態中。他們將嬰兒的哭聲解讀為幼稚且惱人的吵鬧，或者認為是故意干擾他們睡眠的惡作劇，因而帶著怒意走向嬰兒，踹嬰兒床，並且大罵：「一天到晚都在哭，是在哭三小啦？吵死了，你再哭我就揍你！」嬰幼兒當然聽不懂這一串文字的意義，但震耳欲聾的音量、尖銳的語調與憤怒的表情，伴隨著嬰兒床陣陣劇烈的晃動，不僅讓大腦得不到原本需要的安撫，反而提升了恐懼與壓力的強度。

大人這些無意識（我寧可相信絕大多數的父母並非故意）的行為，會讓孩子大腦裡掌管危機的杏仁核警鈴大響，並且引發一連串的壓力反應。如此一來，不僅原本的身心需求沒有被滿足，孩子感受到的壓力比求助之前還更強大。在這種互動模式中，孩子會對這個世界逐漸建立起「提出需求會招致危險」的負向連結，未來當他上幼兒園後，很可能會看見他用手抓著雞雞或摀著屁股卻不說話，直到最後忍不住將大小便拉在褲子裡，卻又因此被大人羞辱或處罰。

相信你也曾經見過大人對孩子咆哮：「哭什麼哭？你連想要______都不會說嗎？」每次看到這種狀況，我都想要代替那些孩子回答父母：「因為他怕講了會被你罵，所以才不敢告訴你呀。」

我還曾經在公園運動時，看見一個幼兒在哭，身邊幾位長輩不是關心他發生什麼事，而是坐在一旁你一言、我一語地說：「羞羞臉哦，長這麼大還不會說話，只會哭！」「只有吃飯很會，真的是來討債的。」「就是皮在癢，打下去就對了！」

假如溝通方式沒有改變，同樣的情況還是會持續發生。因為他的大腦已經牢牢記住一個生存法則：**表達需求會惹來危險，還是閉嘴比較安全**。

三、漠視引發習得無助感：

在第三個家庭裡，因為有需求、感到匱乏而哭泣的嬰兒C遭遇了與前面兩個孩子截然不同的對待。每當他哭泣的時候就會被推進一個密閉、沒有任何外在刺激的獨立空間，然後門被緊緊關上。C沒有被責罵，也沒有挨打，只是，也沒有任何人回應他的需求。哭聲喚不來任何回應，在眼淚慢慢停歇的同時，孩子也開始產生「習得無助感」——知道無論如何用力求助都無濟於事的殘酷事實。**反正哭了也沒有用，那就不要浪費沒有必要的力氣**。於此同時，大腦也逐漸失去對世界、對關係的信任。

假使大人持續這種照顧模式，甚至不時驕傲地昭告天下：「我的孩子非常懂事。從來不哭不鬧，這才是乖孩子該有的樣子。」孩子很可能因為這種鼓勵而更加深信：父母不希望我表達需求，所以不要表達需求才是被認可的。未來當他上學之後，無論有什麼需求很可能都不會開口。

可是什麼事情都不說，別人就無法理解他的情緒與需求，當然也幫不了他。於是在人際關係裡，別人經常覺得他是一個很難靠近的人，而他也時常因為不被他人理解而感到孤獨。

多年以後的某一天，這三個孩子都長大了，他們因緣際會聚在一起聊天，碰巧談到在學習與職場上面臨的困境。

A：「遇到困難就要講出來啊。如果沒有說出口，別人怎麼會理解我們需要什麼？又怎麼知道如何幫助我們呢？」

B：「拜託！你也太天真了吧，說出來只會被別人抓到把柄而已，說不定還會被羞辱呢。」

C：「唉……說了又有什麼用？反正這世界凡事只能靠自己，不會有人伸出援手的。省省力氣吧……。」

假如你問他們的想法從何而來，或許他們只能回應你：「這世界不就是長這樣子嗎？」但無法回答你更精確的來由，因為這些想法早在他們還不懂事、大腦發育未成熟之前，就從與主要照顧者的互動過程中學習而來，並深深刻在大腦的神經迴路當中，進而形成他們對於這個世界牢不可破的看法。

對你而言，哪一種成長環境比較熟悉呢？

我們的世界很容易對這三個孩子貼上各種標籤：懂事的、不懂得自我照顧、內向害羞、有話卻不願意說出口……，但其實這三個孩子在做的是同一件事——採取自己認為最有利的方式來求生存。差別只在於不同的成長環境，塑造出截然不同的價值觀與行為模式。

習以為常的，不見得是滋養的

每一個人在成長的過程中，無論是被養育的方式、父母本身的風格，或者大人對我們的提醒與教育，都可能會內化成我們在這個世界上行動的準則，我將這些準則稱之為「教條」，我們深受這些教條影響，卻未必能夠覺察到它們的存在。

有些教條有利於我們求生存，好比說：

- 我好，你也好，在利己的同時，也能夠具備利他的態度。
- 做事情要小心謹慎，減少錯誤或危險的機率。
- 與人為善，避免因為情緒化引發不必要的衝突和紛爭。

相對地，有些教條則可能成為禁錮我們的圍欄：

- 我應該永遠先為他人著想，不該說出自己的需求。
- 我不應該表達出脆弱或生氣之類的負面情緒。
- 我不應該因為一些成就而感到開心或滿足，畢竟我一直都不夠好。
- 衝突是不好的，無論如何都要避免讓他人不開心。
- 要學會忍耐，才是一個懂事成熟的人。

越是聽話的孩子，越容易將大人的每一句話牢牢地放進心裡。這些提醒或許在我們小時候的確發揮了功能，但是當這些教條的力量過於強大且固著時，我們就會被這些聲音挾持，逐漸失去行動的自主權，絲毫不會去質疑這些價值觀與信念的合理性。

好比說，一個從小不被鼓勵說出需求的孩子，長大以後往往也很難肯定說出自己的感受與需要。這麼一來他很容易讓自己活在委屈的情緒裡，而別人往往也不知道他到底需要什麼。

一個從小不被允許表達負面情緒的孩子，成長的過程中往往沒有學會如何處理自己的負面情緒，結果對自己的身心健康或人際關係都可能造成滿大的影響。

一個從小就經常被認為「不夠好」的孩子，很難長出堅韌的自我價值感，即使未來取得很不錯的成就，也無法打從內心欣賞自己，很容易因為別人中性的回饋或建議而心碎滿地。

你可以想想看，除了財富、房地產之外，你身上有哪些特質或價值觀值得傳遞給孩子，讓他在生命的旅途中走得更平穩、更自在？你身上有哪些讓自己受苦的信念或慣性，希望在自己身上打住，避免讓孩子也因而受苦？

正因為有許許多多發生在我們「懂事之前」的事情，雖然未在記憶裡留下鮮明的印象，卻依舊對我們造成久遠的影響，所以成為大人的我們，更需要在孩子成長的過程中，避免將過去的經驗複製貼上此刻與他們的教養和互動中。而這一切有賴於我們的自我覺察：如果我們不善於表達情緒，也很難教導孩子表達情緒；如果我們經常感到自卑（卻不自知），也很難養出充滿自信的孩子；如果我們是一個不太允許尊重自己的人，我們的孩子也很可能難以維持自己的界限；假如我們經常採取體罰或羞辱的方式來教育，我們也很難教出一個懂得處理衝突或挫折的孩子。

改變，就從自己與此刻開始。

第3章

透視情緒的內在機制

望著一片廣闊的海洋時，映入眼簾的通常是一片震撼又迷人的藍，從眼前的淺藍層層堆疊，一直到遠端的深藍，以及海面上映照著太陽或月亮的波光粼粼，但這都只是海洋的一小部分。所謂的海洋還包括了海面下的各種洋流、豐富的生物、複雜的海底地形……。

我們的情緒也是如此。

一對感情融洽的年輕夫妻在經過多年努力後，終於迎來新生命的誕生。但就在幾年前，年幼的孩子因為意外事故驟逝，這對兩人的衝擊相當巨大。太太辭掉工作在家休養，先生則打起精神，日復一日地規律上下班，努力扛起家中生計。

下班後，他會在路上購買太太平常喜歡的食物，趕緊回家陪太太吃飯。但無論他用心準備了什麼餐點，太太一口也不吃，總是滿臉愁容地不說話，淚水從未停歇。後來，他們之間不再有親密行為，不再分享彼此今天過得好不好，就連吵架都省略了。原本婚姻中的親密與幸福，彷彿凍結在孩子離開世界的那一刻。

這種日子持續了很長一段時間之後，先生開始感覺不太舒服。他覺得自己的努力沒有被接收到，懷疑太太已經不愛自己，總覺得怎麼做好像都不對……。為了避免看見太太冷漠的反應，也為了避免讓太太不開心，他開始頻繁加班。有幾次深夜回到家，看見太太已經躺在沙發上睡著，於是鬆了一口氣。兩人也從此時開始像是背道而馳的列車，關係漸行漸遠。

準備在離婚協議書上簽下名字之前，太太對先生說：「孩子離開以後，我感覺你一點悲傷都沒有，你怎麼會這麼沒有感情？現在的你，好像只要有工作就滿足了，可是以前你不是這樣的……」

先生含著眼淚說：「送我們的孩子離開的最後一程，我難過到心都要碎了，也自責到想要跟著孩子一起離開。可是我害怕如果我哭了，孩子會不會放不下心，無法好好離開？」他放下手中的離婚協議書，溫柔地握著太太的雙手，「如果我哭了，我擔心你會覺得沒有安全感，沒有人可以依靠……所以我都是上、下班的路上，才一個人在車子裡偷偷掉眼淚……對不起，我不知道這樣會讓你這麼孤單，我以為我只要表現得堅強，你就會過得比較好。」

對話結束之前，先生對太太說了一段話：「老婆，無論我們的婚姻能不能繼續走下去，我都要謝謝你。謝謝你讓我知道，原來我可以悲傷，可以脆弱，而你不會責怪我……」

聽到這裡，太太早已滿臉淚水。她既驚訝又心疼，彷彿沒有想過原來這麼長的一段時間，先生也獨自舔舐著心裡的沉痛與悲傷。

我將情緒區分成三種層次：初級情緒、次級情緒，以及最隱微的第三層情緒。每一層情緒都有不同的心理機制及回應的方式。適當的回應才能有效安頓情緒。若不是因為一段真誠的對話，他們兩人或許都只看見了對方情緒的表層，卻沒有聽見情緒背後的聲音，還可能因此失去摯愛的另一半。

第一層：表層的初級情緒

初級情緒幾乎包括所有我們能想到的正向情緒與負向情緒，是人們遭遇事情時最快浮現、最容易表現於外的情緒，並且也是多數人在遇到某些事情時，普遍會出現的共同反應。好比說：

- 當願望被實現時會感到滿足、喜悅，反之則感到失望。

- 當努力獲得他人的肯定時，會獲得成就感。
- 失去心愛的重要他人或東西時，會感到悲傷。
- 當界線被冒犯時，會感到憤怒。
- 面對危險或威脅時，會感到害怕。
- 與喜歡的人相聚時，會覺得快樂。
- 獨處、找不到人陪伴或分享時，會感到寂寞。

這一類情緒的強度往往會因為問題的解決而消失，或者隨著時間的消逝而逐漸減弱。即使像是親人離世所引發的重大悲傷，雖然可能會持續一輩子，但通常會隨著時間的流逝，每一次傷心難過的時間會變得越來越短，也不至於會嚴重影響我們的生活品質。

在這個故事當中，這一對夫妻因為失去孩子而感到悲傷，先生因為覺得努力沒有被太太接收而感到挫折，太太獨自待在家感到寂寞……，這都是屬於初級情緒，是很自然且普遍的情緒反應。倘若我們能夠對這些情緒抱持友善且開放的態度，允許它浮現，去接納它，並且陪伴著它逐漸消退，縱使是悲傷或憤怒這種令人難以忍受的情緒，也都能夠慢慢地度過。

不過，假如我們討厭這些情緒，刻意（更多時候是無意識的）去避免或壓抑，就可能引發意想不到的後果。

第二層：藏在底層的次級情緒

我曾經陪伴導師與一位國小三年級的小男孩談話，他的體型比班上同學壯碩許多，再加上肢體協調性比較差，經常不小心擦撞到別人，分組遊戲或競賽時表現當然也不太好，所以大家都不喜歡靠近他。

有一次下課，他興奮地衝到球場想跟大家一起玩躲避球，大夥看到他之後乾脆把球丟在原地，一哄而散。結果他當場暴怒，抱起這一顆球開始追逐同學，並且試圖用球丟他們。導師已經與這個孩子談了很多次，就是不懂為什麼他這麼「愛生氣」。

那一天見了這個孩子，我請他描述當天的狀況。聽完之後，我對他說：「當你覺得大家故意跑走、不跟你玩，那時候會不會滿難過的？」

小男孩微微點頭。

「那時候你在想什麼呢？」我問。

「我想要他們跟我玩啊。」小男孩說。

「所以你想要去追他們，叫他們留下來一起玩，是嗎？」

「可是我太胖了，我追不上他們⋯⋯。」

「想要追、又追不上的時候，你感覺怎麼樣呢？」我問。

「有一點點擔心。」

「你擔心什麼呢？」

「我怕上課了就沒有時間玩了。」

「除了擔心之外，你抱著球在追著大家跑的時候，還有什麼感覺呢？」

「我覺得很難過，為什麼都沒有人想要跟我玩⋯⋯」小男孩說出這句話的時候，音量變小了。

「你說的難過，是不是要說孤單？常常覺得沒有人陪你？」我回應。

小男孩又點點頭。

「所以那個時候你覺得難過、擔心，也有孤單。你有跟別人講過這些心情嗎？」

這次小男孩搖搖頭，頭低低看著地板，沒有再回話。

這一段對話的目的，是陪伴孩子（以及一旁的導師）覺察生氣其實只是一種表層情緒，底下還潛藏著更真實的情緒：難過、焦急、挫折、孤單。孩子當然難以辨識如此深層且複雜的次級情緒，所以在種種不舒服的情緒驅使下，表達的方式就是生氣，以及伴隨著生氣而來的攻擊反應。倘若我們也只看見表層的情緒與行為，就無法貼近孩子的內在，無法陪伴他學會表達真實的情緒。

回到一開始的故事，先生的努力總是換來太太面無表情與冷漠，內在逐漸浮現對太太的生氣，其實就是一種初級情緒，潛藏在生氣底下的次級情緒很可能包括：

- 挫折：我怎麼做都不對。
- 困惑：你要的到底是什麼？
- 害怕：你是不是不愛我了？是不是責怪我沒把孩子照顧好？
- 悲傷：其實我也很難過，很想念孩子。

太太對先生的生氣當然也是表層情緒，內在潛藏的次級情緒可能有：

- 沮喪：你為什麼都不懂我想要什麼？
- 悲傷：我好想念孩子。
- 寂寞：感覺生活中少了一個很重要的人。

假如想要幫助這對夫妻開啟對話、修復關係，絕對不是勸告他們不要生氣、多多替對方著想，或者傳統的「勸和不勸離」，而是陪伴他們聽見彼此內在的次級情緒，如此才有機會真正走進對方的內心，陪伴彼此走過這一段失去孩子的椎心之痛。

接下來，我要帶你進入情緒更深入、也更隱微的層次。許多人未必能夠覺察到這個部分，但這一層情緒卻可能是我們之所以走不出負面情緒的主要因素。

第三層：因為「不接納」所衍生的負面情緒

你有過這種經驗嗎？對方的態度或行為舉止讓你當下既生氣又尷尬，讓你困窘且不知道該如何是好，而你在回家的路上卻開始對自己發脾氣，氣自己幹嘛這麼在意，氣自己當下為什麼不直接了當地反擊，氣自己為什麼總是放不下、過不去，甚至事情已經過去了，你可能也忘了對方到底說了什麼，但對自己的情緒依舊徘徊在心上，難以消散。

冒犯你的明明是別人，為什麼你卻是氣自己？

還有一種常見的情況：你可能不小心犯了錯，或搞砸了一些事，你為此感到自責、愧疚，雖然身邊的人都告訴你沒關係，請你不要放心上，你也能感受到這些人的安慰是真誠的，但你就是無法減緩內在困窘的感覺。

為什麼別人已經表達了善意，你卻依舊無法放過自己？

這些現象都是因為我們否定某些情緒，或者無法接納有某些情緒的自己，因而衍生出更多、更強烈的負面情緒。也因為**我們將矛頭指向自己：使用負向觀點來批判有**

某些情緒的自己，假使我們沒有覺察並調整這些負面的觀點，即使早已事過境遷，這些情緒依舊會滯留在我們心上。

當我們犯錯或出糗時，緊張或害怕是很自然的初級情緒，假如我們能接納這個情緒，大方地承認或道歉，甚至和大家一起聊聊，接受自己是一個不完美的人，偶爾也會有粗心的時刻，並且提醒自己下次多注意，原本的緊張或害怕就會逐漸消去。如果我們不允許自己有出錯的機會，並且持續批評感到緊張或害怕的自己，就會衍生出強烈且持久的負面情緒（通常是困窘，以及對自己的厭惡）。

讓我們再回顧前面那一對夫妻。先生對於「無法幫助太太、讓太太恢復正常」感到愧疚與自責，這就是他的第三層情緒。他對太太的生氣當中，有很大的部分是在對自己生氣。所以，「頻繁地加班」表面上看起來是在迴避太太，但其實是在迴避那個被他否定的自己。在他的信念當中，認為無法讓對方開心、無法滿足對方的需求，這樣的自己很糟糕、很沒用，即使後來真的選擇離婚，重新建立一段新的關係，還是很可能深受同樣的情緒所苦。

我再舉幾個例子幫助讀者理解這三種情緒之間的差異：

- 因為分手而感到難過（初級情緒），這個難過中還包括了挫折、生氣、寂寞、害怕（次級情緒），對於因為分手而難過或心情不好的自己感到生氣（第三層情緒）。

- 父母答應要帶孩子出去玩，卻出爾反爾，所以孩子很生氣（初級情緒）。孩子對於這一趟旅行期待許久，所以其實內心充滿了失望（次級情緒）。父母親罵孩子情緒管理不佳、不懂得體貼父母，孩子也因此對於表達出失望的自己感到很羞恥（第三層情緒）。
- 因為對方遲遲沒有回覆訊息而感到不安（初級情緒），這個不安包括了害怕被對方遺忘、擔心對方不想理自己（次級情緒），並且對於如此在意對方反應的自己感到生氣、失望（第三層情緒）。

我們來簡單整理一下這三種情緒。

初級情緒是自然且普遍的反應，假如我們不去介入的話，通常也會自動消失。包裹在初級情緒裡面的是次級情緒，相較之下比較不易被覺察，卻也是更貼近我們內在的真實情緒。第三層情緒的起源，通常是許多負面或嚴苛的解讀觀點，是因為對前面兩種情緒的不接納，或者不接納有前兩種情緒的自己所衍生的負面情緒。

所以情緒不全然是導因於外在，也與自己的內在關係甚密。**外在的種種像是一個鉤子，除非我們內在也有相對應的鉤子，否則外界的事物勾不起我們的情緒反應**。這也就是為什麼自我覺察如此重要：**把情緒的起因完全歸咎於外在很容易，但這樣一來**

也同時將情緒好壞的決定權交到別人手上。

要承認「自己也得為負面情緒負一些責任」需要極大的勇氣和意願，但唯有如此，我們才有機會向內探索，清楚看見是哪些信念將我們綑綁在痛苦的情緒深淵裡；調整這些信念，才能夠讓自己擺脫長年以來的負面情緒。如果你希望陪伴孩子長出為自己情緒負責的態度，我們更需要擁有為自己情緒負責的勇氣。

穿越一層層的情緒，才能聽見內在最真實的聲音。

從此刻開始練習

友善的自我回應

壓力與負面情緒不只來自於外在事件，光是在腦袋裡面想著負面的素材，包括那些過去已經發生的事，以及未來還沒發生的事，就足以引發緊張、害怕、焦慮的情緒與生理反應。至於那些充滿敵意的語言，無論是接收的當下，或者事後再次回想起來，也同樣令人感到有壓力與不愉快。而這裡面最讓人難以辨識卻又充滿影響力的，就是「負向的自我對話」，也就是我們對自己的回應與評價。

好比說獲得別人的鼓勵時，有些人的自我對話是：「天啊，你看走眼了吧？我其實沒有你說得這麼好，我下次一定會搞砸事情。」又好比說被別人欺負時，有些人不是提醒自己「這個人不太友善，我應該與他保持適當距離」，而是不自覺地批評自己「哎呀！一定是我太笨了，才會被欺負」。

還有一種常見的狀況，就是對自己的情緒評價。例如感到難過或生氣時，我們不是陪伴自己安頓情緒，反而是責怪有這種情緒的自己，覺得自己很沒用、很懦弱（也就是前一章提到的第三層情緒），如此一來當然會把自己推入更難受的負向循環。

辨識不友善的自我對話

現在邀請你動動手，當你感到不愉快的時候，最能夠貼近自己內在狀態的形容詞有哪些，請從表格當中勾選出來：

□難過	□我會讓人失望	□低落	□寂寞
□我是失敗者	□無力感	□我怎麼這麼笨	□生氣
□困惑	□害怕	□擔心	□我無法勝任
□我很沒用	□我不值得被愛	□疲憊	□我很不可愛

表格中的形容詞可以分成兩種類型。第一類是**單純描述情緒**的形容詞：難過、低落、寂寞、無力感、生氣、困惑、害怕、擔心、疲憊。這一類的形容詞單純描述情緒，但不加上任何評價。除此之外，表格裡的其他項目則是屬於第二類，這是**批評與否定自己的聲音**，也是我們習慣用來對自己說話的內容，我們未必能注意到這些聲音，卻深深為此所苦。

第一類的負面情緒雖然有浮現的時候，但它們也會在某些時刻自動消失，而且消

退的速度比我們想像得還要快，但第二類的聲音卻像是一群傍晚在電線杆周圍的小飛蚊，在你不愉快的時候緊緊尾隨你、干擾你，讓你的負面情緒更持久，也更強烈。

從這個機制當中我們可以了解：**是情緒很糟，不是你很糟**。所以我們要做的是學習去接納這些有來有往的負面情緒，但不要加上任何負向的自我對話，允許情緒保有最單純的樣貌。

第一步：允許情緒浮現

經歷負面情緒通常不太愉快，所以我們只要分辨、體驗當下的情緒就好，不要讓負向的自我對話亂入、湊一腳，讓感覺更糟糕。

就像是當你感覺肚子餓的時候，你不會對這個現象有任何評價，就只是知道自己「肚子餓了」，然後去吃點東西緩和飢餓的感受。同樣的，倘若你感受到自己當下浮現某些情緒，試著不要太用力去分析它從何而來（你應該不會消耗腦力去分析為什麼肚子餓了吧），也不要為情緒貼上是非對錯的標籤（肚子餓有錯嗎？），單純地允許情緒就只是一種當下的反應，並且嘗試採取一些行動來緩和此刻的身心感受，例如：找一個安全的地方散散步、慢慢地喝幾口水、做幾次深呼吸，或者在安靜的地方獨處一下，允許情緒慢慢散去。

面對正處在某些情緒裡的孩子，我們不需要為他的情緒貼上任何標籤，也不要急著催促他趕緊「好起來」。只要陪伴著他，允許他有冷靜的時間與空間，並且適時地問問孩子有沒有需要我們為他做些什麼，邀請他在願意說話的時候來找我們聊一聊，這樣就好。等到情緒比較穩定之後，就可以準備進入第二步。

第二步：面對負向的自我對話

腦袋裡種種批判、指責、貶低的聲音往往是來自過去的回音——可能是成長過程中某些人對我們說過的話，但是請你務必記得一件事：**這些聲音只是他人的觀點，不代表你真的是這樣的人**。好比說，你**可能曾經**搞砸了某一件事情，但你也一定有成功經驗與好表現（而且大多數都是如此）；你**可能曾經**沒有滿足某人的期待，但不代表你是一個不好的人（事實上，也有很多人欣賞且認同你）。

正因為這些聲音未必是真實的，所以面對這些想法時有幾個重要原則：

一、**不去探究對方為何說這些話**：說不定連當時說這些話的人也不清楚（或根本忘了）自己為何這麼說。重點是，我們無須完全認同對方的觀點或期待。

二、**不需要回顧這句話是誰說的**：你只要記得這些話是「別人曾經說過的」，至於是誰說的，其實沒有什麼實質意義。無論這個人是誰。

三、**不需要努力找出證據來反駁：**如果有一個人就是想要搬弄是非、無中生有，你跟他認真就輸了。一旦你發現那些找你麻煩的念頭又出現了，只需要在心裡告訴它「辛苦了，你先到旁邊休息吧」，這樣就好。

第三步：改寫負向的自我對話

腦袋裡的負向對話有一種共同性，它們通常是以「我」作為主詞開頭，這種句型會讓人深信自己真的就是如此糟糕。想要削弱這類型語言的威力，你可以採取一種特殊的技巧來改寫，而且這種方法意外的簡單，只需要**用「有一個人」來取代「我」**。

例如：

- **我**一定會搞砸所有事情→**有一個人**覺得他一定會搞砸所有事情
- **我**覺得我沒有權利休息→**有一個人**認為他沒有權利休息
- **我**認為全世界都不喜歡我→**有一個人**認為全世界都不喜歡他
- **我**應該凡事聽從父母的話→**有一個人**認為應該凡事都聽父母的話

找一個不受打擾的空間，靜下心來把這些句子唸出來給自己聽聽看。改寫之前與改寫以後的文字內容，唸起來是否帶給你不太一樣的感受？

當我們用「有一個人」來取代「我」，會提醒自己與這些聲音拉出一段距離，用比較客觀的角度來評估這些聲音。然後你會發現，這些聲音若不是不合邏輯，就是過於嚴苛。你想想看，一個人竟然有辦法讓全世界都討厭他，到底是怎麼辦到的（根本是超能力吧）？還有，一個人覺得自己沒有休息的權力，他是住在什麼可怕的星球上（千萬不要搬去那裡住）？

你根本不會對親愛的家人或摯友說出這些嚴厲又苛刻的話，那麼，你又為何理所當然拿這些話來傷害自己呢？**遠離傷害你的聲音，完全不需要任何理由；改寫有害的內在對話，是最值得努力的行動。**

這裡有個小提醒。當你在練習改寫負向的自我對話時，不要去思考如何解決浮現在腦海裡的事件或問題，我們就只是專心地用「有一個人」來取代「我」作為主詞，並且在改寫完成後，實際唸出來給自己聽，體驗前後不同的感受。覺察到這種現象之後，你就有機會停下來問問自己：「我真的要繼續相信這種嚴苛、不合邏輯的聲音嗎？要這樣鞭策自己嗎？」

請記得：**想法就只是想法，想法並不等於真實**。

第4章

陪伴孩子啟動社會情緒學習

高鐵上，嬰幼兒的哭聲引來鄰座乘客對家長嫌惡的「嘖嘖」聲與譴責的眼神。家長費了好一番工夫終於將孩子哄睡，結果同一位乘客手機連番傳來的訊息聲、短影片的聲音又將孩子吵醒了……。

「父母照顧小孩很辛苦，乘客應該要多包容他們一點吧？」引導兒童和青少年思考類似這樣的情境時，總會有孩子可以很快地回答出許多大人喜歡的「標準答案」。不過，假如只有這樣，就無法達到討論的目的了。

明明不開心，也要假裝不在意嗎？

「可是我有付錢買票耶！為什麼要忍受嬰兒的哭鬧呢？我也想好好休息啊。」

「如果花了一千多元搭車，整路都要聽這種哭聲，我會覺得倒楣死。」

通常只要有這類型的回應出現時，就會開始引發一連串常見的討論。好比說：

- 嬰兒的哭鬧聲真的很刺耳。我弟弟剛出生的時候，我被吵到差點離家出走。
- 大人對於手機的聲音很熟悉了，所以基本上應該沒有像嬰兒的哭聲那麼讓人不舒服吧？
- 為什麼孩子可以「吵」，大人就不能「吵」？兩者發出來的聲音都很不悅耳，不是嗎？
- 我覺得有小孩的父母應該自己開車或騎車，盡量不要搭車或搭飛機，才不會損害其他乘客休息的權益。

接下來就會進入一陣多方激烈的討論。在一來一往的想法激盪中，雖然難免出現劍拔弩張的對立場面，但這正是陪伴孩子學習與成長的重要契機。

「老師你覺得呢？」有時候孩子陷入討論的僵局時，會轉而詢問我的想法。「坦白說，不管是嬰幼兒的哭鬧聲，還是手機的訊息或短影音聲音，當我想要好好休息的時候，對我而言都很吵，也都很不喜歡。」我很誠實地回答孩子的提問。不舒服的情緒與感受是真實的，我們不需要否認，也不需要假裝自己對這些聲音不討厭或不在意。

「可是我想邀請你們一起來想想看，嬰兒的哭聲和大人手機發出來的聲音，性質上有什麼不同？」

在引導與陪伴之下，孩子們經過一番討論後得出兩項具體的結論：

- 嬰幼兒的哭鬧是反映了車子在高速行駛中，因為噪音和過山洞時耳朵感受到壓力所引發身心的不舒服，也是他唯一能採取的情緒表達方式，再加上父母親並沒有放任孩子哭鬧，而是很努力地安撫，所以這種噪音屬於「非不為也，不能也」。
- 至於大人，無論是使用手機滿足娛樂的需求或聯繫事情，都應該有能力降低音量，或者選擇戴上耳機。而大人在滿足自己需求的同時，也要能夠顧慮到他人的感受，所以這種噪音屬於「非不能也，不為也」。

我很佩服孩子們能做出如此精闢的結論，但是如果討論只停留在這個階段就太可惜了，更重要的是**如何從「知道」到「做到」**，**也就是從課堂上的討論延伸到具體的行動上**。

「你們的結論很棒呢！如果以後遇到這種狀況，你們會怎麼做呢？」我問。

孩子們的回答主要分成三大類：一是幫忙安撫哭泣的孩子，二是委婉地提醒大人放低手機的音量，而大部分的孩子選擇第三種：安靜等待。他們不一定會去安撫或制止，但也不會譴責哭鬧的孩子或手忙腳亂的父母，讓父母可以更放鬆地安撫孩子。

經過這樣的討論，相信未來當孩子面臨這種狀況時，就能夠擁有想法與判斷力，也比較能夠做出友善的回應。而這一整段討論過程，涵蓋了「社會情緒學習」（Social Emotional Learning，簡稱SEL）[1]很重視的五種核心能力。

社會情緒學習是什麼？

簡單來說，社會情緒學習就是一個人能夠妥善地安頓自己的情緒，並且採取有利於自己與他人的方式來行動，以共好的心態創造更友善、更健康生活環境的能力。這當中包含了五個核心能力：一、**自我覺察**；二、**自我管理**；三、**社會覺察**；四、**人際技巧**；五、**負責任的決策**。

待會我並不會要求你默背給我聽，所以你不需要急著去背誦這些定義。讓我藉由前面那一段討論，陪伴你輕鬆理解這五種能力：

一、自我覺察：

自我覺察是指一個人對於自己的情緒、感受、想法等各種內在訊息的觀察。嬰幼兒的哭聲與他人使用手機的聲音，對於想要專心做事情或好好休息的其他乘客而言，都可能造成干擾，並且引發不舒服的情緒。這種不舒服是很自然且正常的現象。能夠捕捉到自己有負面的情緒浮現，連帶心浮氣躁的身體感受，就是覺察情緒最重要的第一步。如實地覺察到情緒，才能適時使用適當的策略來安頓自己的情緒。

二、自我管理：

自我管理是一個人感到挫折、壓力、不舒服的時候，能夠安撫自己的情緒，並且採取適當而不具傷害的行為反應，也能夠在忙碌的生活中做出良好的規劃，並且依循規劃行動。當我們在車上受到干擾而感到不舒服時，能夠靜下心來，使用適當且友善的方式與對方溝通（或者請求隨車工作人員的協助），而不是任由憤怒堆疊，甚至攻擊或報復對方。

三、社會覺察：

社會覺察包含了「同理」與「慈悲」的元素。在前述討論中，孩子們的結論就掌握到了同理心的精神，雖然覺得嬰幼兒的哭泣聲讓人難受，卻也能理解那是生理需求

---

1 此概念是由美國學業與社會情緒學習協會（The Collaborative for Academic, Social, and Emotional Learning，簡稱CASEL）提出。

所導致，而不是故意的行為。因為這一份同理，讓人願意對於孩子的不舒服或家長的難為多一份包容心，並且採取富含慈悲的行動，像是提供家長協助，或者提醒其他乘客降低手機使用的音量，讓帶孩子搭車的家長擁有更友善且被支持的乘車環境。

擁有社會覺察力的孩子在互動時會考慮到對方的感受，留意自己的言行舉止會不會讓他人受傷，也因此能夠發自內心地留意自己的一言一行。

四、人際技巧：

在「打臉文化」盛行的世代，很多人基本上都只說自己想說的，只堅持自己的觀點，言語和行為都是以說服或否定對方為目的，卻沒有想過自己的表達方式是否能被對方接受。如此一來不僅沒有溝通的效果，還可能引發攻擊與衝突的負面效應。

良好的溝通仰賴訊息雙向流動，所以能夠專心傾聽對方說話，聽懂對方想要表達的意思，並且用貼近對方的語言回應，才可能達到合作的共識和意願。

我在溝通的課堂上經常邀請學員反思這幾個問題：

- 我們習慣的表達方式，能讓對方理解我們的意思嗎？
- 我們的表達方式當中，有哪些既有效又不帶攻擊性？
- 我們的表達方式當中，有哪些讓對方或彼此都受傷？

五、負責任的決策：

與這個概念完全相反的，就是「只要我喜歡，有什麼不可以」。這是完全以自我為中心的態度，只關注自己，完全不管他人的感受。因為少子化，孩子在成長過程中缺乏與手足分享、等待及相互尊重的經驗，很容易讓孩子養成家裡所有人都以他為中心的氛圍。帶著這種生活經驗進入幼兒園或國小，一旦加入團體生活，就很可能產生各種衝突與不適應。

我想起小時候外婆曾經跟我提過一件事。外婆說，早期的台灣社會有許多人家會在門口擺一壺茶水，炎炎夏日，路過的人渴了就可以自行取用。這是我印象中關於「奉茶」最早的概念，重點不只是那一壺「茶」，而是一份發自同理而願意「奉」的意願。對比現在的社會氛圍，這真是一個不可思議的現象。如此簡單的一個動作就體現了社會情緒力「推己及人」的精神。當每一個人都願意帶著這個態度行動，我們的社會就像土地上開出一朵朵美麗的花朵，慢慢地會形成一片生意盎然的綠地。

情緒調節是核心能力

閱讀至此，你或許會開始好奇：到底要如何培養孩子的社會情緒力？身為大人的我們該從何開始著手？

關於這個好奇，我認為最重要的還是從情緒調節的能力開始練習。

情緒是影響一個人思考與判斷很重要的元素，這不是說想要擁有幸福美滿的生活就只能允許正向情緒，而情緒負面或低落的人注定過著悲慘的人生。我要說的是，當一個人能夠覺察自己的情緒、學習安頓情緒，並且做出適合當下的決策時，無論我們面對的是課業壓力、人際議題、職場困境，或者生命中的某些重大困境，都比較能夠擁有問題解決的能力與韌性。

所以我們不是要刻意避開負面情緒，不是只允許生活中留下正向情緒；我們不需要這麼做，當然也無法這麼做。我們是因為學會情緒調節，才能夠度過一波又一波的情緒浪潮，陪伴自己在情緒的擺盪中一次又一次地回歸平穩的狀態。這不只是天賦，更是一種可以藉由鍛鍊而逐漸成熟的能力。

我曾在網路上看過一則很可愛也很令人感動的紀錄片。那是一所幼兒園舉辦的運動會，在賽跑時，一個小男孩超越了其他小朋友，一馬當先地跑在最前面。場邊有許多爸爸媽媽都拿著手機，小心翼翼地捕捉下孩子們賣力奔跑的珍貴畫面。就在小男孩即將衝過終點線的時候，緊追在後的小朋友突然跌倒，在地上滾了幾圈，就在眾人驚呼中，這個原本可以輕鬆拿到第一名的小男孩突然停下腳步，回過頭去關心跌倒的小朋友。而後方陸陸續續趕上來的孩子見狀也紛紛上前安慰。

那幾個蹲在地上的身子很嬌小，卻散發出強大且溫暖的力量，讓許多看見這一幕的師長都紛紛落下眼淚。至於那一條原本眾所矚目的終點線，似乎早已不是重點了。

這一段影片只有短短幾分鐘，卻深刻地存在我心裡好久好久。

我常常捫心自問：假如我是那一個跑在最前面的小男孩，我會願意停下腳步、放棄眼前伸手可及的成就嗎？還是我會等到衝過了終點線、確定拿到獎項再去關心他？反正前後也不過幾秒而已，反正也可能會有其他人去幫助他。

假如我是那個有可能超越第一名卻不小心跌倒的第二名，會不會久久難以消化那一份後悔與自責？會不會怨天尤人，甚至影響我對未來各種挑戰的心態？

假如我是緊追在後的第三名，會不會因而見獵心喜，加速繞過跌倒的小朋友，趁機奪得第二名呢？

倘若這一場競賽不只是幼兒園的賽跑，而是攸關進入某一所名校，或是獲得某一個高薪的職位，我是不是也能夠像那幾個小朋友一樣，自發性地停下自己的行動，關心一個人勝過於獲得某些重要的成就？

坦白說，連我都不太有把握。

大人可能會在意：後來比賽有重新開始嗎？名次有更動嗎？重啟比賽對小朋友公平嗎？但我相信對那幾個小朋友而言，比賽早已隨著運動會落幕了。名次或許不是那麼重要，重要的是大家一起奮力地跑步，場邊有父母在為自己加油，這樣就夠了。他們並不會停留在覺得可惜、自責、悔恨或生氣的情緒中，還是開開心心地吃飯、玩耍、看電視。

換言之，孩子其實已經用自己的方式調節了當下的挫折或難過，所以能夠不受過往情緒的干擾，全心全意地將注意力放在當下，投入在眼前的任務當中。或許從這個面向來看，身為大人的我們反而需要向小朋友學習情緒調節這一門課呢。

擁有良好的情緒調節力，如同握著幸福人生的入場券。

從此刻開始練習

遊戲是調節情緒的重要訓練

我在演講的時候經常問家長：「你的孩子放學後有去安親班的，請舉手。」結果幾乎全場家長的手都舉起來。越是靠近都市，這種現象越是明顯，放學時間會有安親班的老師來學校集合學生，然後集體帶到安親班，繼續寫功課、補課程。不知道從什麼時候開始，這種現象變得既普遍又「正常」，沒有去安親班的小朋友反而成了這個世代的稀有動物。

你的孩子有遊戲的環境嗎？

就算是在家的時間，由於少子化的關係，孩子也缺乏了手足互動的機會。人口密度增加以後，居住形式從平房變成一棟棟高樓，雖然社區的戶數很多，公共設施很華麗，彼此之間互動的機會卻很少。種種「現代化」的現象，其實也剝奪了孩子最重要的學習環境。

「鳥飛、魚游、孩子遊戲。」是人本取向遊戲治療大師蓋瑞・蘭爵斯（Garry

Landreth）的經典名言。意思是孩子的遊戲就如同鳥類飛行、魚兒在水中游一樣，既是一種天賦，也是理所當然的行為。

我曾經聽過家長質疑學校疏於管教，理由是：

- 孩子在家裡不會打架，為什麼到了學校就會打架？
- 孩子在家不太生氣，為什麼在學校玩溜滑梯、盪鞦韆就會發生爭執？
- 孩子在家沒有衝突，為什麼在課堂分組討論就這麼多衝突？

理由其實很簡單：因為孩子在家裡沒有人可以吵架，不需要排隊等待，也缺乏討論的對象與機會。孩子在學校的團體生活所浮現的問題行為，其實是映照出在家庭生活中沒有被培養出來的能力。不過，這種能力的匱乏不能歸咎於父母失職，而是與環境變遷有很密切的關係。

缺乏延宕滿足訓練的孩子，遇到排隊或等待就會很痛苦；缺乏問題解決能力的孩子，遇到困難常常不知道該怎麼辦；缺乏合作與討論機會的孩子，面對分組或合作的活動會感到很陌生，也很難適應。

訓練這些能力的方法不只是仰賴師長的引導，更重要的是孩子的實體遊戲。更精確的來說，兒童與青少年的遊戲本身就是一種人際互動。孩子在遊戲的時候就置身在最真實的社交場域裡，他必須努力學習各種人際互動的技巧，才能夠在複雜的團體生活中長出「生存」的能力。

遊戲的重要性

其實孩子會玩的遊戲不脫那幾種：球類遊戲、遊樂器材、鬼抓人、木頭人、紅綠燈、捉迷藏……等等，這些遊戲可以培養孩子哪些重要的能力呢？

一、情緒調節與自我管理：

- 輸的人要等下一輪才能再玩：鍛鍊孩子的延宕滿足。
- 假如沒有按照規則，破壞遊戲，會被討厭：鍛鍊孩子的服從力。
- 再怎麼好玩的器材都要排隊：鍛鍊延宕滿足、守規則、尊重。
- 太粗暴會讓別人受傷或不舒服：訓練孩子的力道與衝動控制。
- 亂發脾氣會被討厭：培養情緒調節與表達的能力。
- 在失敗當中學習挫折容忍力。
- 藉由體能的消耗與宣洩，達到穩定情緒的效果，並且產生讓人愉悅的血清素，緩解挫折與負面情緒。

二、人際互動與溝通技巧：

- 玩遊戲之前說明規則：鍛鍊孩子的口語表達、邏輯思維。
- 聆聽別人說明規則：鍛鍊孩子的專注力與理解力。
- 躲在覺得別人找不到的地方：鍛鍊換位思考的能力。
- 在幫助同隊的人時感到自己有能力：提升孩子的自我效能感。
- 在遊戲中觀察別人的互動：從別人身上學習社交技巧。
- 決定要玩的遊戲：鍛鍊團體討論的能力。
- 服從多數的決定：鍛鍊尊重與妥協的特質。
- 在遊戲中擔任隊長或發號施令：培養領導能力。
- 遊戲中發生衝突：鍛鍊因應衝突的能力。

三、同理與慈悲的行動：

- 犯錯時勇於面對與善後：培養負責的態度。
- 決定遊戲與玩法的同時，也能關照到他人的限制或感受：培養同理心。
- 主動幫助與安慰受傷的同學。
- 願意幫助他人脫離困境、完成某些任務。

礙於篇幅的關係，我先舉例至此，不過這些能力也幾乎涵蓋了一個人在社會生存所需的能力，並且達到情緒調節的效果。現在的教育制度很努力地將許多重要概念融入教學，企圖幫助孩子打造社會情緒力，但事實上，鄰居家的孩子、班上同學，以及願意陪伴孩子玩耍的大人，都已經在幫助孩子培養這些重要的能力。

陪伴孩子遊戲的重要原則

在提供孩子遊戲的空間或陪伴他們遊戲時，你可以留意幾個重要的原則：

一、真實的人際互動遠勝於虛擬的科技：

情緒讓人際互動產生不同的溫度。我們藉由情緒來理解彼此的狀態，對對方的情緒感同身受，並且調整與對方互動的方式。另一方面，孩子也能夠藉由關係變得更緊密或疏離來自我反思，學習複雜的互動技巧。換言之，人際互動的技巧必須要在真實的人際互動中才能獲得，而這是科技產品無論如何都很難替代的學習。

另外，所謂的遊戲是不局限年齡的。不是只有同年齡的孩子才可以一起玩，你也可以創造親子之間的遊戲時光。常常有大人說：「我不懂得怎麼跟孩子玩，我已經過了玩耍的年齡了。」事實上，你不一定需要知道所有遊戲的規則，最省力的陪伴方式就是請教孩子，由孩子來帶領你。請記得，當你與孩子共度遊戲時光時，重點是讓他感覺到被你「全然專注的陪伴」，這遠比你們玩了什麼遊戲還要重要。

二、允許孩子做主：

遊戲中的做主包含了讓孩子選擇想要玩的遊戲、決定遊戲的玩法、主導遊戲的步驟，以及決定自己想玩或不玩。

每一次當孩子在遊戲中問我「可以怎麼畫」、「要用哪一種顏色」時，我的答案都是「你可以決定」。讓孩子在遊戲中做主，可以培養他們的創造力與掌控感，特別是對於性格較為內向或退縮的孩子，適時邀請（但不強迫）他們為自己的遊戲做主，也有機會提升他們的社會適應力。

讓孩子在遊戲中做主還有一個重要的功能，就是培養孩子負責任的態度。畢竟遊戲的種類與玩法是自己決定的，假如遊戲不有趣或太困難，孩子就必須負起調整遊戲內容的責任，重新讓玩耍的時光變得有趣。

大人在這個過程肩負著一個重要的責任，就是確保孩子的安全就好。而這部分也訓練身為大人的我們去分辨，當我們覺得孩子的遊戲不安全的時候，到底是環境真的有危險，或者只是我們自己的擔心在作祟。

三、接納遊戲過程引發的情緒：

這一點非常重要！很多大人會覺得孩子「玩就玩，有什麼好不開心的？」，好像遊戲應該是一件全然開心的事情，負面情緒是沒有必要的，甚至當孩子產生負面情緒時，大人還可能介入制止遊戲。但如果你把孩子的遊戲視為大人世界裡的人際互動，那麼過程中會引發各種情緒也就不難理解了。孩子因為你答應了卻又不陪他玩的那種失望，與公司承諾你加薪卻食言的失望是沒有差別的。

我們小時候也不太被允許表達情緒（特別是負面情緒），所以孩子在玩耍時出現負面情緒，會引發我們的不舒服，然後加以制止。孩子的不舒服不會因此消失，你會發現他在回家的路上不斷鬧脾氣，或者用各種方式持續把這些情緒宣洩出來。

面對孩子在遊戲中產生的各種情緒，接納與疏導是最好的調節策略。接納是指允許情緒浮現：觀察到了情緒，但不加以評價。疏導則是透過我們的陪伴，讓情緒慢慢地流動，漸漸平復。這麼一來，孩子就會在遊戲過程中鍛鍊情緒調節的能力。

調節孩子在遊戲中引發的情緒

一、可以生氣，但是不可以傷害自己與他人（或東西）：

正因為孩子的社會技巧還不成熟，在團體遊戲中會發生衝突或負面情緒是很正常的事情。我通常會不厭其煩地提醒孩子「你可以生氣，但是不可以傷害自己或別人（或東西）」。等到孩子的情緒恢復平穩之後，我會邀請他一起討論生氣的時候可以如何表達。在一次又一次的提醒中，引導孩子建立起表達負面情緒的適當方式。

二、同理並陪伴孩子練習辨識情緒：

疏導情緒最重要的原則就是允許情緒浮現。觀察到孩子出現明顯的情緒時，我會試著創造一些出口，讓情緒能夠慢慢地宣洩、消退。最有效的方式之一就是同理（請參考第5章第一〇七頁的「淺層同理」技巧）：

- 當你發現東西被別人拿走，你有點**緊張**。
- 大家沒有玩你想玩的遊戲，你覺得很**難過**。
- 當你睜開眼睛發現大家都不見了，你很**害怕**。
- 你很努力卻沒有辦法贏球，覺得很**挫折**。

內心的情緒往往會因為被聽見、被同理而緩和。另一方面，由於孩子大腦裡掌管情緒的部位尚未發育成熟，時常只能以生氣或難過來表達內在的不舒服，倘若我們能夠看見孩子內在更深層的情緒，也可以幫助孩子學習辨識自己的情緒。

三、傾聽、傾聽，還是傾聽：

你有沒有遇過孩子在遊戲時因為爭執來向你討公道，結果才一會兒，他們又自行和好了？孩子們的和好通常不是因為大人的介入，而是不愉快的情緒消退了，就恢復原本的互動。有時候反而因為大人情緒化的介入，讓事情變得很複雜。

面對孩子在遊戲過程發生的紛爭，我通常是秉持傾聽的態度：試著站在比較中立的位置去傾聽多方的說法，不要急著分析問題，不要想要說服某一方，也不要成為高高在上的仲裁者。

光是專注地傾聽，就會讓孩子感覺到自己的情緒被接住。在採取前面提到的同理的回應之後，假如孩子的情緒比較穩定了，我通常會問：「我可以為你做什麼呢？」「你需要我為你做什麼嗎？」

十次裡面，有八、九次孩子會搖搖頭說「不用了」、「我沒事了」，然後轉身再次回到他們的遊戲。孩子能夠再回去玩不是因為壓抑或忍耐情緒，而是情緒被接住、疏導，所以可以重新回到遊戲中。這就是藉由情緒的調節讓情緒再次流動的過程。

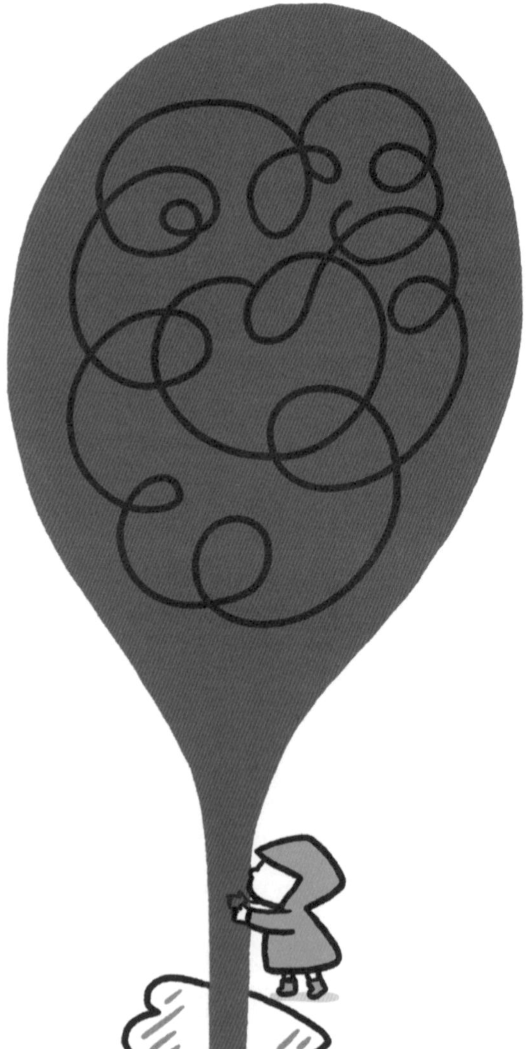

PART 2

負面情緒的三個元素

負面情緒像是一個渴望被深度傾聽、耐心回應的小朋友，

它的內在住著失望、挫折與無望感。

我們得先清清楚楚地看見它，承認它的存在，

然後傾聽它想說的話，並且給予適當的回應。

它會自然而然慢慢消退，重新恢復平穩的狀態。

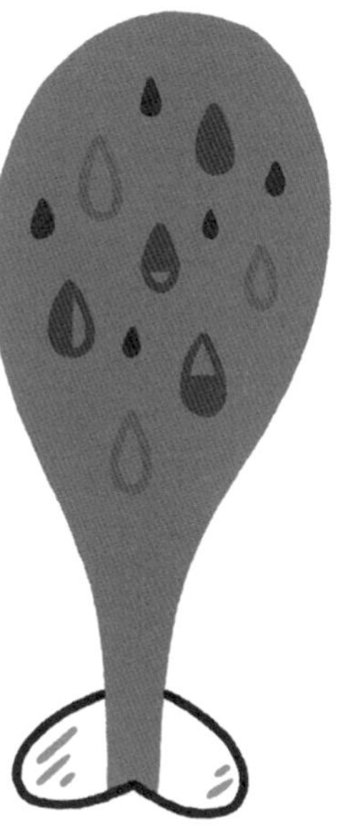

第5章

失望：現實與期待的落差

年近三十的鈺貞事業有成，在職場上是獨當一面的主管。她很孝順，與原生家庭的互動也很融洽，唯獨從小父母經常拿她與別人比較這件事，一直讓她很不舒服。

幾年前有一次，父親心臟病發作，狀況相當危急，經急救後轉進加護病房觀察了好幾天。那段時間鈺貞既害怕又難過，日以繼夜地在醫院悉心照料父親。幸好後來父親的狀況持續好轉，終於康復出院。

對於好不容易才回到家的父親，鈺貞謹記醫師的囑咐：不要讓父親經歷太大的壓力與負面情緒。可是就在出院幾天後，家人在餐桌上聊到醫療保險時，父親對鈺貞說：「你什麼都不懂。保險這種事情，你就要去問你的表姊……」

鈺貞聽了瞬間爆炸。「可以了吧！什麼事都表姊表姊，她最懂、最厲害，可以了嗎？可以不要每一件事情都提到她嗎？」此話一出，不只是家人訝異，連鈺貞也感覺到自己做了一件大逆不道的事。

父親倒是很平靜地說：「你不喜歡聽，我不講就是了。但這關你表姊什麼事？你幹嘛對她生氣？」

吃完飯後，她草草找個理由與家人道別，開車「逃回」自己的家。

潛藏在生氣背後的情緒，其實是……

鈺貞在餐桌上對父親的反應，讓她內疚了好久好久。

「每一次回想起這件事，我都覺得很生氣。」鈺貞說。

「你是對父親生氣，還是對自己生氣呢？」我問。

「都有，但是我覺得氣自己比較多。」

「你氣自己什麼呢？」

「我覺得自己太幼稚了。都已經是成年人了，這種話也聽了幾十年，到底有什麼好在意的？醫生明明就提醒我們不要激怒父親，我卻因為這種幼稚的理由害父親不開心。這樣的我真的很糟糕。」

「你不太喜歡這樣的自己。」

「對……我覺得自己很不孝，也不理解為什麼我明明很愛爸爸，卻又會對他生氣……」鈺貞的淚水沿著臉頰滑落。

我安靜地陪伴著鈺貞，直到她的啜泣聲慢慢變小之後，我問：「鈺貞，如果眼眶裡的淚水會說話，你覺得它在說什麼呢？」

「它在說……感覺自己好像不管怎麼努力，永遠都比不上爸媽口中的誰誰誰。」鈺貞停頓了一下才回答。

「好像不管你怎麼努力付出，都無法被父母肯定，是嗎？」

鈺貞點點頭。

「無論如何努力都無法被肯定的情緒，是什麼呢？」我問。

「應該是……失望吧？」話才剛說出口，鈺貞恍然大悟，「等一下！所以我其實不是真的生氣，而是失望……對嗎？」

失望是生活的日常

倘若生命是一所學校，失望就是所有人都必須面對的一堂課。**失望是眾多負面情緒的開端，凡是與我們期待不同的，都會引發失望的情緒**。日常生活的每一天，我們都會有許多與失望相遇的時刻。好比說：

- 孩子的考試成績不如你（或他自己）的預期。

- 在團購群組買的東西品質不如你的期待。
- 午餐外送員沒有在約定的時間準時抵達。
- 你很努力，但父母或主管卻總是稱讚別人。
- 你友善對待對方，對方卻不喜歡你。
- 下班後想趕快回家休息，卻被塞在無止盡的車陣中。
- 對方答應你的事情卻沒有依約做到。
- 在你還沒準備好的時候，就得面對某個生命逝去。

以上這些都是我們的生活日常（而且還只是冰山一角），透過這些例子你可以知道，失望是生活中普遍的情緒反應。請留意，面對這些事情，你可能會浮現各式各樣的不愉快：生氣、困惑、沮喪、悲傷……，但其實引發的機制都是失望。前者是初級情緒，而失望則是潛藏在更深層的次級情緒。看懂這個內在的機制，你才能對症下藥：**回應並安頓失望，而不是急著消滅初級情緒**。

失望本身沒有好壞或對錯，失望也可能形成一種往前的動力，促使我們再努力一些，幫助自己獲得某些成就，達成某些目標。失望也可以幫助我們了解一個人真正在意的部分，倘若沒有任何在意，就不會有所期待，當然不會產生失望。**有問題的往往不是情緒本身，引發情緒的原因及處理情緒的方法才是問題**。負向的觀點或內在對話引發了不愉快的情緒，而不當的處理方式會讓負面情緒更強烈且持續得更久。

失望帶給生命的修練

「成為父母」本身就是一段充滿失望的漫長旅程。孩子在學習與成長的過程中，父母一方面為他開心，同時也感到自己逐漸老去，喪失對孩子的影響力，甚至需要孩子來為我們處理某些事情，這些時刻我們都會經歷失望的情緒感受。這種失望有時候很令人害怕，因為它傳遞著我們逐漸老化與死去的訊息。不過，有時候這一份失望也讓人更珍惜自己：感知到時間不斷逝去，所以要把握當下好好活著。

「失望」讓一個人知道這個世界不是繞著自己打轉的。「失望」讓孩子知道父母親也有自己的事情要忙，不可能永遠即時滿足他的期待，所以他必須學會等待；「失望」讓孩子知道世界不是以他為中心，所以玩溜滑梯的時候必須依照規定排隊；「失望」也讓孩子學習用尊重他人的方式來與對方互動，否則可能會交不到好朋友。

「失望」也提醒我們要學習換位思考。讀研究所的時候，我與班上幾個同學共同參閱了許多專業理論，精心設計一套幫助兒童提升人際關係的課程。實際帶領的時候，一群孩子毫不掩飾地露出「這種無聊的把戲到底要搞多久？」的厭世表情。當下不知道該如何是好又找不到台階下的我們，只好宣布先下課休息，結果這群孩子在下課時間自發性地玩起「大風吹」，整整玩了半個多小時，過程中出現了討論、分組、爭執、修復關係等重要的人際互動。

我們大感驚訝。如此單純的遊戲，卻有效帶出了我們原本希望帶給孩子們的學習。於是在接下來的課程中，我們提供孩子更多機會自行討論、決定要玩什麼遊戲，而我們則是在這個過程中扮演引導討論的角色。

這次的經驗帶給我們很大的提醒：**我們所提供的，不見得是對方需要的，對方也不必然會配合我們的想法、滿足我們的期待。看見自己的失望後，我們必須試著移動腳步，用對方的觀點來看事情，才能了解對方需要的是什麼，逐漸找到彼此的共識。**

「失望」陪伴我們在成長的過程中有許多重要的學習，讓我們成為更有彈性也更成熟的人。我們不需要消滅失望，而是要學會與失望相處的能力。

失望引發的憤怒與攻擊

這裡還要特別留意前面提過的「第三層情緒」。

鈺貞因為不能接納「被比較而產生的失望」，以及「向父親生氣的自己」，因此每一次回想起這件事情，都會覺得很不舒服。假如無法辨識與安頓這些情緒，就可能演變成更複雜的負面情緒，轉而對自己或對外界攻擊。

如今在網路世界裡，人們已經模糊了界線與責任，只要有言論與他人觀點不同，就會引發群起攻擊，大肆撻伐，甚至不惜要這個人「付出代價」；只要店家的調味不合顧客的胃口，一個小細節沒有滿足顧客的期待，評論區可能就會出現惡毒的留言。前陣子還曾看過一則新聞，一個店家為了鼓勵學童努力學習，請學生拿滿分的考試卷來兌換甜點。結果有家長帶著孩子來兌換時，當天的甜點已經被兌換一空，氣得上網發文辱罵店家沒有誠信，還嘲諷店家乾脆關店算了。看到這則新聞的當下，我在猜想：會不會孩子其實沒有這麼大的情緒，反而是大人沒有安頓好自己的失望，任憑憤怒無限蔓延呢？

諸如此類的網路現象，我們想要公審對方、找個人讓我們責罵的原因，就在於希望有人來為我們的失望負責。無法安頓的失望很容易轉為憤怒，而人們最常用來發洩憤怒的方式就是攻擊。

有一次我收到匿名的攻擊訊息，內容大致是批評我的書籍與課程對他完全沒有幫助。我好奇地問他是閱讀哪一本書或參與哪一堂課，結果他說沒有看過我的任何一本書，也沒有上過我的課。於是我又問他，怎麼會對我有這麼大的情緒？他說：「反正你們心理師都是這樣，都是騙人的！我看過其他人的書和課程，都沒有幫助。」這也是一種因失望而引發的憤怒，而對方就在網路上隨機找個人來為他的失望負責。

因為無法為自己的失望負起責任，就要別人來為我們的失望負責。

這種現象也經常出現在親密關係中。

如果父母希望透過孩子的成績（或成就）來展現自己的能力，當孩子的表現不如預期時，父母的失望很可能轉化成對孩子的指責或處罰。你心血來潮煮了一桌新嘗試的菜色，家人明顯感到不喜歡時，你的失望也可能轉換成羞愧、憤怒，然後接連幾天不與家人說話。孩子可能因為在校門口等候許久才等到父母，上車後臭著一張臉不說話，或者因為不能買想要的東西而跺腳。鈺貞的生氣裡，絕大多數的成分也是失望：想要得到父母親的肯定卻總是落空，所以在忍無可忍的情況下，就出言制止父親。

其實在這些看似攻擊的行為背後，真正的目的都不是傷害對方，而是想要讓對方知道：我是真的很失望呀。

關於失望的三個提醒

雖然失望能夠讓我們有所成長，但在親子關係當中，如果可以留意一些原則，還是有助於關係的經營，並且減少不必要的失望產生。

一、練習調整自己的期待：

每一個生命都是一趟獨立的旅程，沒有誰是為了要滿足別人的期待而來到這個世界。我遇過很多人會說：「好啊！那我對他不要有任何期待就不會失望了吧！」聽在伴侶或孩子的耳裡，讓人感到又受傷、又害怕。因為這句話很像在警告對方：你不值得我有任何期待、我不再愛你了、我不會繼續關注你或對你用心。

我們當然可以對對方有所期待：期待伴侶更負責一點、期待孩子的生活作息更自律一些、期待主管講話客氣一點……，但我們也得提醒自己：每一個人都是不同的個體，都有自己的人生要過。**我們的期待是我們的，孩子有他獨特的性格與生命旅程要走。允許你的期待是一個有彈性的範圍，孩子可以在這個範圍裡有一些前進或後退的空間，而不是絕對的全有或全無。**

二、信守承諾：

無論孩子有多少理由，我們都不喜歡他答應了卻做不到的行為。同樣的，當我們與孩子達成約定或承諾之後，無論你們約定的內容有多麼微小（可能是放學回家後給他一個擁抱、一小瓶養樂多），都請把這當成是一件非常重要的事情來看待，不要隨意打破你們之間的約定。請記得：當你使用各種藉口取消與孩子的約定時，孩子或許無法辨識你的理由是真是假，但他確實能感受到與你的相處經常體驗到「貨真價實」的失望。

信守承諾不僅能夠減少你處理孩子失望情緒的麻煩，也讓孩子感覺到自己是被重視的，更重要的是陪伴孩子建立起對你的信任。也因為你們重視彼此的承諾，所以在形成某些約定的過程中會更謹慎地看待與討論。

三、不要害怕孩子失望：

當你已經做了該做且能做的事情之後，請別害怕成為一個讓孩子失望的大人。接納自己是一個能力有限、無法全然滿足孩子的大人，好比說你的經濟能力無法負擔孩子想要的奢華手機；你的工作時間無法經常在假日陪伴孩子，甚至有時候重要的突發事件真的需要取消你和孩子之間的約定。

人生本來就不完美，過度害怕讓孩子失望的大人，很可能會被孩子的眼淚或情緒綁架，盡所能的完全滿足孩子的所有需求或期待。此時你的付出不全然是因為愛的給予，也包括了想要消滅自己內在的焦慮。

情緒不是問題，處理情緒的方式才是問題。

回應失望的情緒

在教養上，「接納」經常被誤以為是寵溺孩子、容許孩子一切無理取鬧的行為，放任孩子各種問題行為而不去管教他。這真的是對接納的天大誤解。

接納的概念是：**只是知道並且承認有這件事情發生了，但不代表你認同或否定它。**接納孩子的情緒則是：**知道孩子因為某些事情引發了情緒，然後把注意力放在回應孩子的情緒，而不是否認事實或禁止他表達情緒**。

越是期待的事情落空，失望的情緒就越大；失望的情緒越大，引發的負面感受就越強烈，這是很正常，也很自然的情緒反應。

失望沒有對錯之分

「孩子因為被允諾可以買想要的玩具，到了現場父母卻突然反悔了，於是在賣場大哭大鬧」與「公司答應今年要多發三倍年終獎金，後來無預警改為只發一張百元禮券，結果你當場大發雷霆，要求公司講清楚」，前者看似是幼稚的胡鬧，後者則有生氣的正當理由，但其實這兩者的本質是一樣的。

身為父母，看到孩子沮喪、哭泣時真的會很心疼，特別是有時孩子的渴求看起來是這麼簡單。好比說你帶孩子去賣場時，你知道只要買了眼前這一盒巧克力或玩具，立刻就能讓孩子停止令人抓狂的哭泣或尖叫，或者讓他露出天真又可愛的笑容，而且標籤上的價格你完全負擔得起，花這一點錢比忍受孩子尖叫或難過落淚容易上百倍，但是你心裡隱約又覺得這麼做好像會讓「某些問題」變得更嚴重。說真的，在那個當下，內在可能挺拉扯的。

請記得：**回應失望的情緒不是去滿足孩子所有的需求或期待。人的欲望是沒有極限的，即使你窮盡畢生之力，都不可能完全滿足孩子。**

回應失望指的是接納孩子擁有某些期待，以及伴隨著因為期待沒有被滿足時無可避免產生的負面情緒。

我們的目的是去陪伴孩子面對並處理這些負面情緒，而不是藉由滿足孩子的期待來消除負面情緒，也不是禁止孩子表達失望的情緒。

面對失望的孩子，你可以這樣回應

一、淺層同理：客觀描述事件＋指出情緒（或生理反應）

陪伴一個心情不好的人，沒有比同理更有效的急救策略了。同理的回應會讓孩子感覺到被理解、被陪伴，比起訓斥、說道理，或是給建議，都比較容易被孩子接收，比方說：

- 不能買這個東西，你感覺有一點生氣。
- 考試成績和你想的不太一樣，你好像很難過。
- 你很努力在改進了，可是老師還是罵你，你覺得很委屈。
- 做什麼都被罵，你一定很困惑，也很氣餒。
- 當他說出那些話的時候，你看起來真的很生氣。

二、提供陪伴的意願：

回想你最近一次事與願違的經驗，那是什麼感受？是否有些生氣、難過、沮喪？或許你也心知肚明：沒有誰必須為這一切負責，又或者你所面對的問題是無法解決的。雖然你清楚這一切，但失望的情緒就是無法散去。你可能會覺得沒有人能夠理解你，必須獨自面對這一切，這也讓我們感到格外無助且孤獨。不僅僅是大人，孩子也可能常常處在這種複雜的心境中。

好比說：知道父母是真的很忙，而不是有意冷落自己；知道父母是出於好意，而不是刻意禁止自己跟朋友出門；知道是天候不佳的因素，而不是學校故意取消校慶活動。雖然都知道，但就是難以安頓內在那一股失落。

這時候，身為父母（或老師）的我們，除了淺層同理之外，還可以傳達陪伴的意願：**讓孩子知道無論如何，我們都願意陪他聊一聊，不會拋下他一個人**。比方說：

- 我知道你很失望，假如你想要聊一聊，我很願意傾聽。
- 你感覺很難過。你需要休息一下嗎？如果肚子餓了再告訴我。
- 你需要自己安靜一下嗎？如果想要出去走走，你可以跟我說。
- 如果有什麼是我做得到的，我很願意幫助你。

三、提供替代的行為選項：

孩子最常感到失望的情境就是「想做的事情被禁止」，好比說看電視、打電動、跟朋友出去玩、預支零用錢、喝第二瓶可樂……。當我們告訴孩子「不可以」的時候，往往只是讓他知道什麼是不可以、不允許、不好的，卻沒有告訴他什麼才是可行、被允許的。在這種情況下，孩子並沒有學會適當的行動。所以當我們禁止孩子某些行為時，最好也能夠提供其他替代的行為選項。例如：

- 今天不能買玩具，但你可以挑選一包喜歡的餅乾。
- 我沒有辦法買手機給你，不過你可以在＿＿點＿＿分借我的手機去玩。
- 如果週末不能出去，在家你想要做什麼呢？
- 這是我的東西，如果你想使用必須先問過我。

「不可以」是屬於禁止的指令，容易引發大腦的焦慮與抗拒，而「可以」則讓人擁有具體的方向，也覺得比較放鬆與安心。用「可以」取代「不可以」，不僅能讓孩子處在相對平穩的情緒狀態，也可以讓他清楚知道你的原則和界線，知道自己可以做什麼。

實際案例

我在臉書上有時候會分享伴侶在家事與教養上的合作案例，並且提到夫妻透過合作可以讓彼此更省力，也讓生活更美好。但文章底下通常會出現類似這樣的留言：

「笑死人，天底下哪裡能夠找到這種另一半？」

「講得好像很美好一樣，現實的婚姻怎麼可能如此？」

「你以為真的有人會幫你喔？別傻了，靠自己比較實在。」

有一次，我很好奇地挑選了其中一則充滿敵意的留言回覆：「我感覺這篇文章讓你很不舒服。」

「你們這些『專家』都把婚姻講得好像很簡單、很美好。」對方回應，並且在我回覆的文字上按了一個「怒」的表情。

「聽起來，這種伴侶之間合作的氛圍對你而言好像很陌生。」我回應。

對方開始抱怨所有的家事都是她在做，沒有人願意幫忙，全家人都視她的付出為理所當然，感覺自己的努力很沒有價值……。

「所以當你聽到有些伴侶是能夠彼此體諒與合作時，你感到很詫異，也對自己的現況感覺很失望，是嗎？」

這次對方沒有留言回覆，但是在我的回覆上面按了一個「哭」的表情。

由於我與對方並非諮商關係且顧及這是公開的網路平台，所以我就沒有再繼續回覆。沒想到才過幾秒鐘，對方傳來了私人訊息。我通常不會點開陌生訊息，不過因為剛剛才回覆對方的留言，於是我破例點開來看。

「心理師，很抱歉在你的粉絲頁寫下這麼情緒化的文字。」她說。

「我在想，我的文章好像引發了你失望的情緒，所以你看了之後不太舒服。」我回應。

「我覺得別人的伴侶好像都很願意支持另一半，可是我的另一半卻不是這樣的。」

想到這裡真的很難受，一時之間情緒太大了。」

「原來是這樣。關於這件事，你在生活中有人可以陪你聊一聊嗎？」

「沒有，我跟原生家庭已經不太聯絡了，孩子的年紀還小，我很怕會影響到他的情緒。」

「感覺你都是一個人默默承受。你需要說說話嗎？我大概有幾分鐘時間。或許無法給你什麼有效的回應，但至少你不用一直悶在心裡。」我說。

「沒關係，很謝謝你。從剛剛到現在，你的回應讓我覺得很溫暖，也很抱歉占用了您的時間。未來我在網路上留言會謹慎一些。」

「不過，」她問：「未來如果我想要像這樣子聊一聊，該怎麼辦呢？」

「這是很好的想法呢！知道自己有需求、願意尋求協助是最好的了！」我鼓勵她，然後提供了一些資源供她參考。

我們的對話大致上停在這裡。我來說明在這一段對話裡，我如何運用前面提到的回應方式：

一、淺層同理：

- 「我感覺這篇文章讓你很生氣。」
- 「當你聽到有些伴侶是能夠彼此體諒與合作時，你感到很詫異，也對自己的現況感覺很失望，是嗎？」

- 「我在想，我的文章好像引發了你失望的情緒。所以你看了不太舒服。」
- 「感覺你都是一個人默默承受。」

二、提供陪伴的意願：

- 「原來是這樣，你需要說說話嗎？」

三、提供替代的行為選項：

- 「我大概有幾分鐘時間。或許無法給你什麼有效的回應，但至少你不用一直悶在心裡。」
- 我無法提供對方談話的協助，但我提供了她一些可以運用的資源。

我可以選擇忽視她的留言，這是最省力的；我也可以向她解釋我的想法、分析事件，或者乾脆與她大吵一架。但是花時間與一個素昧平生的人講道理或吵架，對我一點意義也沒有，就算說服了她，我也得不到任何好處。可是如果花了同樣的時間回覆，卻有一個人因而感覺到被理解、被支持，並且更了解自己，我認為這是相對有意義的事情。

從這一段對話當中，你可能也發現了，我處理的不是她的生氣（初級情緒），而是潛藏在生氣底下的失望（次級情緒）。

內在的失望被聽見了，憤怒就會逐漸退場，並且比較能夠表達自己的想法與需求，別人才有機會給予她適當的回應。

很多時候我們要的並不多，就只是渴望被聽懂、被理解而已。

第6章

挫折：努力了卻依舊失敗

國二的阿傑在午餐時間與同學發生口角，朝對方身上揍了幾拳，班上同學已經數不清這是第幾次與他有關的衝突事件了。他被叫到導師辦公室談話。導師花了好一段時間勸導，阿傑才終於開口：「……很多事情根本就不是我做的，但那幾個王八蛋每次都故意栽贓給我，害我被大家誤會……」

「嘖，你講話就是這麼難聽，難怪別人會誤會你！」

「你看！你要我講，結果我講了你還是不相信我。」

「我要怎麼相信你？你前科累累、出口成髒，難怪別人會找你麻煩！」

「你是白痴嗎？聽不懂人話就不要那邊假好心、裝正義啦！幹！」

「你們導師在跟你講話，你那是什麼鳥態度？」一旁的數學老師聽不下去，站起來糾正阿傑。

「靠北喔！關你屁事？你也一樣都針對我啦！」阿傑回嘴。

這下子不只是導師，整個辦公室裡的老師們都被引爆了，衝突持續升溫。過一會兒，阿傑的父母親趕來學校。

「你是怎樣？書不會讀就夠丟臉了，連人也不會做了嗎？」

「不是我要打人，是他們先……」

不等阿傑說完，父親一個巴掌重重甩在阿傑的臉上。「我有要你解釋嗎？這麼多廢話！」

這一巴掌讓阿傑整個爆炸，緊握的拳頭用力地揍碎茶几上雕花的玻璃花瓶，大大小小的碎玻璃瞬間刺進手臂，劃破皮膚，鮮血濺得滿地，場面一片混亂……。

原本一場學生之間的衝突事件，到後來演變成師生衝突，再變成親子之間的暴力相向。最後阿傑因為與同學打架、頂撞師長，被記了一支大過。接著父母親應學校要求帶他去看身心科，開始了看診與服藥的生活。回到學校之後，他在同學之間多了一個笑柄，就是去精神科的神經病。

阿傑後來幾乎不曾再與同學發生衝突，不過那是因為大部分的時間他都趴在桌上昏睡。沒有人知道那到底是藥物副作用，還是什麼原因？總之，只要他「沒事」，大家都樂得輕鬆。

國三上學期，正當大家專心準備大考時，阿傑默默轉學了。他的位置很快就被移走，似乎沒有人在意這個曾經待在班上的一份子，也沒有人去探究他的內在到底發生了什麼事。

我遇過無數與阿傑相似的兒童與青少年，散落在許多家庭與教室的角落。他們很容易被貼上品格不佳、情緒障礙的標籤。他們轉學、肄業或離家出走，這些孩子經常選擇讓自己「消失」來作為給大家的交代。對於留下來的其他同學而言，棘手的問題好像解決了，但其實我們都沒有真正學會理解挫折、面對挫折。

圍繞在我們身邊的挫折

前一章提到的鈺貞除了失望之外，同時有滿滿的挫折感。父親拿她與別人做比較（失望），而她做了許多努力，父親依舊在她面前肯定表姊的專業（挫折）。在阿傑身上也能看見類似狀況：希望對方可以理解他、不要被誤會，但同學與大人的回應都讓他感到失望。倘若你深入探索阿傑的內在世界，也會看見一個**充滿挫折**的青少年。

從他一開始告訴老師「很多事情不是我做的，我是被誤會的……」，以及向老師抱怨「跟你講了你還是不願意相信我」，到後來嘗試跟父親說「不是我要打人，是他們先……」，其實一直沒有放棄讓別人理解他的意圖，但結果都不如預期。這些失敗所引發的情緒，就是挫折。

你或許會認為，很可能是他自己有問題，或者一定是他做了什麼，別人才不願意聽他的解釋。這也是極有可能的，畢竟許多衝突是共構出來的結果，每個人多多少少都有一些責任。不過我們要特別留意：從客觀的角度來看，或許他的確做了一些不太妥當的行為，但從他的主觀立場來看，也會希望有人陪他聊一聊、理解他，等情緒過後，再來討論如何改進。

想要理解並陪伴一個人，請不要只是關注在惡的一面，也要試著看見在惡之外的其他面向，並且不要急著將評價和建議端出來，這樣做只會讓對方更挫折，並且失去與你連結的意願。

另一方面，學校與家庭畢竟是不同的場域，一個老師要帶領數十位學生，必須顧及團體的最大利益與公平性，並且試著一視同仁。在這種情況之下，要仔細留意每一個孩子的內在狀態是非常不容易的事。當班上學生陸續發生狀況，或者類似問題層出不窮時，也會引發老師的挫折感受。為了消滅挫折感，我們常常採取最習慣的方式就是訓誡、喝斥、說道理，希望用最有效率的方法來消滅問題行為。但也是因為這樣，孩子內在的負面情緒就更難被聽見與聽懂。

急忙趕到學校「收拾爛攤子」的父母，很可能是臨時拋下手邊正在做的事情，也可能是對孩子重複出現的行為感到頭痛，對自己在教養上的無能為力覺得難受。我也聽過很多夫妻在前來學校的路上，兩人已經吵得不可開交，責怪對方不負責任、教養無方……無論如何，他們也是帶著滿滿的挫折來到學校。

所以在辦公室裡會發生這麼大的衝突，其實不令人意外。因為一群受挫的人聚在一起，卻又用指責彼此的方式互動，只會製造出更大的挫折，情緒當然就更負面。

挫折所引發的攻擊反應

失望與挫折在本質上很接近，差別只在於後者來自於**實際採取了行動之後，結果依舊不如預期**，所以挫折所引發的情緒強度，往往比失望來得更強烈。畢竟你因為難以接受失望，所以想採取一些行動來改變現況，當結果再次不如預期時，引發的負面情緒自然會比原本的失望更令人難受。例如：

- 反覆訂正的報告或作業卻一再被老師（或主管）退回。
- 講了很多次，對方卻持續侵犯你的底線。
- 努力了很多次，結果還是不如預期。

人們處理情緒的方式其實很直覺，喜歡的就努力保留，討厭的就盡快移除。某個東西對你帶來困擾，就把它丟棄或送人；某個食物不好吃，那就當作廚餘處理掉。如果經常阻礙我的行動、讓我感到不舒服的對象是人，我們很可能就會採取攻擊的行動來回應。這種因挫折引發的攻擊，不僅限於我們在社會新聞上看到的那些刑事案件，其實比我們想像得還要普遍許多。好比說：

- 哥哥揍了多次闖進房間亂翻東西的弟弟一拳。
- 提醒多次，鄰居依然把車停在你家門口，所以你去刮花他的烤漆。
- 當作業再次被退回來時，在心裡咒罵老師或乾脆把作業撕毀。
- 孩子不聽話，就揍他一頓（是的，體罰往往也是挫折所引發的行為，我們會在後面的章節仔細談論這件事）。

攻擊的行為有多激烈，內在的挫折就有多難受。假如我們只針對攻擊行為做處理（例如：處罰、訓誡、分析、說道理），卻沒有去關照他內在的挫折感，原本的不舒服會變得更強烈，並且引發孩子更激烈的反抗或攻擊。

大人常常以為當下就要立刻讓孩子理解重要的道理，但是從大腦處理情緒的角度來看，此時的大腦正處在情緒化的狀態，無論你分析得再怎麼有道理也很難被吸收進去。對孩子而言，當下最重要的是被你理解與接納。所以請記得「**先安頓情緒，再處理問題**」是處理挫折引發的攻擊行為最好的因應之道。

當然，處理問題行為時也有例外的時候。好比說孩子的攻擊行為已經強烈到可能造成自己或他人受傷（甚至死亡），這種行為第一時間就必須制止。

我在團體治療的課程中曾遇過幾次兒童在盛怒之下，失控拿起手邊的玩具就要砸向其他人的臉或頭，在一旁的我通常會先將失控的兒童抱住或稍做隔離，避免嚴重的事情發生。等待孩子的肢體比較放鬆、情緒也比較緩和之後，再啟動「先安頓情緒，再處理問題」的程序。

你的意圖是取悅，還是討好？

你有過這種經驗嗎？在一段關係當中，當我們用心照顧對方，對方卻不領情時，我們也會感到很不開心，認為對方不知足、不懂得感恩，所以才不接受我們的「好意」。在這種情況下，付出的一方會覺得很失落、很挫折，而接受的一方其實壓力也很大，因為無論接不接受，都有人會不開心。

為了避免反覆困在這種負面情緒當中，我們必須辨識自己行動背後的意圖究竟是想要取悅，還是討好？這兩者表現於外的行動看起來很相似，但內在的心理狀態卻完全不同。

取悅的本質是「愛的給予」，是從對方的立場出發，目的是希望讓對方開心、愉悅。奠基在這種基礎之上所做的行動或付出，要是對方接收了，我們會很開心；倘若對方不接受，我們也不至於感到不舒服。

討好的本質是「消滅焦慮」，是從自己的立場出發。我們的所作所為是為了消滅來自內在的焦慮，可能是擔心對方不高興、不喜歡我們，或者害怕失去某些重要的東西。假如對方不接受我們的「善意」或努力，內在的焦慮就無法順利被減少，因而引發挫折的情緒。

所以，**「取悅」所照顧的對象是對方，而「討好」照顧的對象則是自己**。從這個角度就不難理解，何以關係當中經常會有一方因為「我都是為你好，你卻不懂得感恩」而生氣。因為表面上看起來付出的一方的確是在照顧對方，但實際上卻是在安頓自己內在的焦慮。說穿了，很多時候的「我是為你好」，其實是「為了自己好」。

對方可能完全沒有想要挫折我們的意思，他純粹只是表達自己「不需要」你為他做的事情，僅僅如此。但挫折的感受卻讓我們將這一切解釋為對方不尊重，覺得自己被輕視、不夠好，進而引發羞愧與憤怒，甚至演變成攻擊的行為。

挫折帶給生命的修練

對一個剛進幼兒園的孩子而言，挫折讓他逐漸意識到不是自己想要的就立刻能夠得到，也認知到在家裡無往不利的大哭大鬧策略，在學校一點也不管用，像是溜滑梯要排隊、玩遊戲要遵守規則、上課必須坐在自己的位置上。假如孩子在家裡是小霸王的狀態，面對這些狀況引發的不愉快情緒往往更強烈。但是這種挫折對個體的成長具有極重要的意義，讓孩子能逐漸脫離自我中心的狀態，逐漸學會尊重他人、適應社會規範，並且融入群體生活。

對於一個青少年而言，挫折讓他重新評估自己的能力，並且調整原本的期待。好比說：

- 原來國、高中的課業比國小困難許多，要考上第一志願有點難，我必須重新思考還有哪些我能考上的學校（或科系）。
- 原來要把棒球打好還挺難的，不然我往田徑的方向試試看好了。
- 原來不是每一個人都會喜歡我，世界也不會圍繞著我打轉，所以我可能要調整自己的想法，用心與喜歡我的人當朋友，而不是在意那些不喜歡我的眼光。

在這些過程中難免都會遭遇挫折，有些孩子甚至一度放棄學習，把自己封閉起來。這種難受的情緒換來的成長卻是珍貴的：它讓一個人更貼近自己，對自己有更深入的認識，未來在做選擇與行動時，也更能夠合乎自己的能力與狀態。

「不是我努力，就一定什麼都辦得到。」這種想法或許乍聽之下有些消極，但其實這才是人生最真實的寫照。一個健康的人必須從「反正努力也沒用，乾脆放棄」的心態，逐漸走向「**雖然不是每一件事情都能做到，但我願意用自己的能力繼續探索這個世界，持續創造更多美好的體驗**」。

對任何一個人而言，「挫折」提醒我們停下腳步評估自己採取的策略：是否我們經常重複著某些無效的行為，以致於總是得到失敗或無效的結果？所以挫折適時地出現，提醒我們應該要檢視行動的策略，並且加以調整。

但是我發現很多人不太喜歡接受挫折捎來的訊息，堅持只用自己熟悉的方式來行動，結果就是無法跳脫相同的困境。

我經常把挫折當成一道階梯，跨越的當下需要花點力氣。一旦跨越了挫折，恭喜你，又將進入一個新的層次、新的高度。

挫折是一種提醒，幫助你更靠近真實的自己。

從此刻開始練習

回應挫折的情緒

幾年前，國內有一則很可愛的廣告，大意是一位年邁的爺爺從火災現場中被消防隊員揹出來。一位記者在現場訪問爺爺：「火災了，你怎麼不跑（逃）出來呢？」趴在消防員背上的爺爺有點不耐地對記者說：「我怎麼會不想跑？我腳已經麻掉了，是要怎麼跑？」

當孩子發脾氣的時候，我們可以觀察一下，是不是他在那個當下遭遇了一些困難，卻不知道該如何解決，也不太知道如何請求別人協助？

有時候正是因為不知道該如何表達，導致情緒不斷累積、升溫，當情緒強度超過孩子能夠忍受的臨界點時，就會出現情緒化的行為反應。假如這時候又有一些外來的刺激，好比說他人的催促、大人的指責、同學的嘲笑……，就像一根點燃的火柴丟到威力強大的炸藥上，一發不可收拾。所以孩子的負面情緒，有時候正是他遇到困難卻無法有效求助的情緒反應。

面對情緒化卻無法表達的孩子，大人很自然地提醒：「有話好好講，不要用哭的或鬧脾氣。」這是很好的提醒，但對於孩子的情緒表達幾乎沒有實質幫助，因為孩子可能也很想好好講，但就是沒有方法。面對有這種困難的孩子，我們要培養他自我表達與適時求助的能力。

另一種常見的狀況是，當孩子正在情緒上頭，無論你怎麼引導，他就是無法好好思考或回答。這種時刻請記得「先安頓情緒，再處理問題」的原則，情緒穩定了，大腦比較能夠找回思考的能力。

從孩子的身上探索資源

關於「助人」這件事，我有一個很重要的原則：**讓當事人成為自己的專家**，**就是最重要的陪伴**。相信每一個人的身上都有派得上用場的資源，這些資源陪伴他度過許多艱難的時刻。

即使如此，有時候人們還是會失去方向與信心，所以我要做的不是否定他的能力或告訴他該怎麼做，而是陪伴他一起回顧過往面對困境時，他是怎麼幫助自己克服困難的。如此一來，他才能夠重新找回方法與自信，未來遇到困難時，即使我不在身旁，他也能夠成為自己很重要的依靠。

無論是孩子或是成人，只要對方問我：「面對這件事情，我該怎麼辦？你可以給我建議嗎？」**我通常會邀請對方一起想想看：過往遇到類似事件時，他曾經用過哪些**

應對策略？陪伴他把曾經嘗試過的行動一一寫下，並且提醒他有效的策略就多嘗試，無效的策略就避免重蹈覆轍。

通常面對困難的時候，人難免會感到挫折，懷疑自己的能力，當我們講得頭頭是道時，更容易加深對方「看吧，我果然很笨，連這些事情都想不到」的挫折感。

當我陪伴他探索過往的成功經驗，則是在提醒他：你沒有自己想像中的消極，其實你已經做過很多努力。

藉由探索過去的行動經驗，讓當事人發現自己身上擁有很多重要的資源，他有成功的經驗可以依循，也有負向的經驗可以自我提醒。這麼一來，他就是自己真正的專家，而不是毫無能力，只能依賴別人。

不過，有時候孩子腦袋裡的資源有限，可能真的想不到更合適的行動策略了，這時候身為大人的我們就需要適時提供建議。即使如此，我通常是在與對方討論過後，發現真的有必要時才會給予建議。

提供建議之前，先詢問意願

其實父母本身就是孩子最好的老師之一。你走過的路、經歷過的挑戰，都是生命無可取代的智慧，也是滋養生命的養分。我相信你也很願意與孩子分享這些歷程，讓他少吃點苦頭，對吧？既然是這麼好的經驗分享，為什麼孩子不願意聽呢？是不是孩子不懂尊重我們？其實並不是。

孩子之所以拒絕父母的經驗分享，是因為很多大人在分享生命經驗時會不自覺變成說教，或是想要證明自己比孩子厲害，這麼一來會讓孩子感覺到自己被貶低，或者對於千篇一律的說教感到乏味。（想像你每次在公司開會時，如果主管重複講同樣的內容，是不是也很想叫他閉嘴？）

讓自己顯得比對方優越，並不會提升對方對話的意願。相反地，假如對方在跟你互動的過程中，感覺到你的態度是尊重、真誠的，自然就會敞開對話的大門。為了營造平等的對話氛圍，我們不是告訴孩子「給我打開耳朵，專心聽我講就對了」，而是讓孩子有權利選擇聽或不聽。

我遇過一位國中生，他在學校經常被同學欺負，被大家呼來喚去，也因此變得抗拒上學。父母親知道這件事情之後很心疼，也很擔心，於是急著傳授孩子人際應對的技巧，結果孩子擺出拒絕溝通的姿態，讓父母很無奈。和這個青少年對話了一陣子之後，他才說：「我知道爸媽也是為我好，但我希望他們可以先問我想不想聽。」

孩子說的其實沒有錯，無論是在學校被欺負，還是在家裡被迫聽取父母的經驗，都不是自己能選擇的。表面上爸媽是在幫助孩子，卻也不經意地重複了與班上同學相同的模式。爸媽在給孩子建議的時候，請務必留意這件事。

感受到孩子的無助或委屈時，我們可以先採取前面提過的兩種技巧：

- 淺層同理：同學經常這樣對你，讓你很無奈、也很不開心吧？
- 表達陪伴：如果可以，你希望我為你做些什麼呢？

這兩種技巧能夠讓孩子感受到被你理解、陪伴，並且有機會慢慢打開與你對話的意願。這時候我們就可以適時提出邀請，通常我會這麼說：

- 過去我也遭遇過類似的事情，說真的，那時候我也很不好受。後來我找到了一些方法，**你想要聽聽看嗎？**
- 之前我處理過好幾次這種狀況，雖然不太容易，不過的確有一些方法可以保護自己。**你願意參考看看嗎？**

之所以這樣問孩子，是讓挫折中的孩子感覺到自己是被尊重、有選擇權的。當一個人感覺到自己有選擇的權利時，也會減少無能為力的感受。

當然，我也曾遇過孩子拒絕回應。這時候大人一點都不需要覺得尷尬或丟臉，或覺得被孩子拒絕、被孩子看不起，而是試著思考：為何當一個人受苦的時候，卻不願意得到幫助？

我發現通常是基於兩種原因：一是孩子還不夠信任我這個人，不覺得我真的能幫助他；第二種原因則是孩子還卡在負面情緒中。假如是前者，就需要多一些時間取得孩子的信任、建立合作的關係；倘若是後者，需要先安頓孩子的負面情緒。這時候我會友善地回應孩子：「沒關係，謝謝你告訴我。等你想聽的時候再跟我說，我很樂意跟你分享。」

學習必須是在孩子發自內心想學習的時候，才能達到最好的效果。我選擇放慢腳步，一步一步建立起彼此的信任感，在孩子感覺到安心的時刻才與他分享策略，我相信這樣的投資與等待，才能帶給孩子最好的陪伴。

從此刻開始練習

三步驟，在挫折中找回行動力

國中一年級的大維是班上同學眼中的不定時炸彈，大家都覺得他很容易生氣，講話很傷人，無論什麼課都沒有人想要跟他同一組。雖然他跑步滿快的，但由於他生氣的速度比跑步更快，就連上體育課大家都不想跟他同隊。

雖然他常因此感到失落、挫折，但在行為和情緒表達上卻更變本加厲。後來他明顯成為班上不受歡迎的人物，老師只好安排他來跟我談談話。

「你好，我怎麼稱呼你呢？」我問。

「……大維。」看似漫不經心地坐在沙發上的大維，肢體和表情有些緊繃。

「是你自己想來跟我談話，還是誰叫你來的呢？」我問。

大維沒有回答，只是聳聳肩。標準的青少年式回應。

雖然大維沒有直接回答我，但即使是肢體語言，只要有回應，就代表我們的互動持續著。我問這個問題的目的是要同理孩子，傳遞給他「我知道他來這裡談話，不是自願的」。

為了緩解大維的緊張，我先與他聊一聊他的興趣、週末休閒活動，然後才慢慢進入學校生活的環節。

「老師要你來這裡談話的時候，你會不會有一點點委屈？」我問。

大維依舊用聳肩來回應。

「你聳肩代表有聽到我的問題，但沒有直接回答。我猜猜看，是你不想回答、不知道該怎麼回答，還是覺得就算回答我了，對你也沒什麼幫助呢？」

「反正不管怎麼樣，大家都說是我不對。不管我怎麼做都沒用！」大維很生氣地回應。

這種回應，我在許多挫折的兒童與成人身上都見過。一個面臨挫折的孩子，顯現於外的行為經常是：

- 抱怨運氣不好，怎麼努力都沒用。
- 怪東怪西，覺得自己很委屈。
- 自我懷疑，覺得自己的能力不夠好。

假如這時候大人開啟說教模式，提醒他：別人怎麼樣我們管不著，你就顧好自己的嘴巴；你自己先改變，別人就會看見你的努力；不要想太多、有話好好說，別人沒有故意對你怎麼樣……諸如此類的語言，都無助於孩子開啟與我們對話的意願，對他遭遇的困境也幾乎沒有幫助。為什麼呢？

關鍵就在大維說的這一句話：「**不管我怎麼做都沒用！**」他已經清楚告訴我們：他用過很多種方法，但無論如何都沒有效。假如我們忽略這一句話，就等於忽略了孩子的努力。

然後也請不要用大人的角度去否定他：「你哪裡有努力？你那些方式根本都是錯的。」這麼一來也等於否定了孩子的努力。

請記得：先安頓情緒，再處理問題。大維需要被安頓的是挫折的情緒，情緒被聽懂、理解了，才有可能再次開啟行動的意願。

為了陪伴受挫折的孩子（或成人）長出行動意願，我的對話通常會包含三個階段，依序是：

一、**訪問採取過的行動。**

二、**辨識出有效與無效的行動。**

三、**鼓勵孩子篩選行動策略。**

第一步：訪問採取過的行動

看見孩子的努力，是提升孩子對話意願的重要元素。

「大維，我聽到你說『用了很多方式都沒效』，我感覺其實你是有想過要交朋友的，對嗎？」我問。

大維點點頭。

「謝謝你願意與我分享，讓我知道其實你是想要交朋友的。」我繼續問：「那你願不願意給你自己和我一個機會，我們一起來討論怎麼樣可以交到朋友？」

「你有什麼方法嗎？」大維回應。

這是對話當中，大維第一次出現字數最多的回應。我知道這是他在意的事情，也意味著我們的對話開始出現了共識。

「我想請你先幫我一個忙，好不好？」

「幫你什麼忙呢？」大維開始出現好奇的神情。

「我想請你跟我分享一下，你用過哪些方法來交朋友？」

大維分享的同時，我也陪伴他一起整理出使用過的「交友」方式：

- 課業上，樂於回答同學遇到的問題。
- 樂於分享自己帶來學校的零食。
- 說笑話，逗全班同學大笑。
- 看到同學被欺負時，會見義勇為、挺身而出。

「哇！原來你用過這麼多方法啊。」我瞪大眼睛。

大維則是露出有點不好意思的表情，好像覺得我的反應太誇張了。看起來他雖然有點尷尬，不過至少比剛開始談話時那種充滿緊張和厭世的表情好多了。

對話至此，我做了幾件事，包括：

- 確認大維的確擁有想要交朋友的渴望。也確認我們的對話目標是一致的，否則就會變成我說我的，但其實沒有貼近他的需求。
- 收集他使用過的方式。確認大維是否真的有採取過行動，也了解他使用的方式通常偏向哪些類型。我發現大維是樂於助人與分享的。
- 讓他感覺到他的努力有被我看見與肯定，如此一來，他才會擁有繼續與我談話的意願。

第二步：辨識出有效與無效的行動

讓當事人成為自己的專家，是這個階段的重點。

既然大維採取了許多方式，卻還是在人際上遇到困難，意味著這些方法無法全然有效幫助他建立起正向的人際關係。

但是，這也不等於他採取的策略都是錯的。所以我要陪伴他從過往的行動中，萃取出有效與無效的元素。

「大維，你覺得這些方法裡面，有哪些可以幫助你交到朋友呢？」我問。

「我也不知道。」大維回答。

面對我的提問，大維很有可能是真的不知道該如何回答。要能夠覺察自己的行動，以及行動對他人產生的影響，必須仰賴一定程度的覺察能力。所以我嘗試用更簡單的問法來重新提問。

「我想邀請你想一想：在你前面提到的行動裡，有哪些會讓同學更喜歡你？」

「欸……教別人解數學題目、帶餅乾請人吃，然後……好像沒有了……」

「你回答得很好呀！還有嗎？」

「還有……看到有人被欺負的時候，會去幫他說話吧。」

「那麼，你覺得你做什麼的時候，同學可能會不太喜歡呢？」

「就是……我有時候講話太直接了，可能會讓別人心情不好。有時候我很開心，講話也有點囂張，別人可能就不太爽。還有可能就是我比較容易生氣……。」

接下來，我用了一些時間陪伴大維探索，何以他的行為會讓人感覺不舒服。因為篇幅的關係，在此就不贅述。

「能夠對自己有這樣的發現真的很不簡單，你是怎麼辦到的呢？」我問。

一個人要去面對「自己做得不太好」的部分是很需要勇氣的。所以當大維向我坦承自己有哪些行動不妥時，我沒有急著訓誡他：「你這些行為真的很糟糕，一定要改變，知道嗎？」而是放慢步調，肯定他能有所覺察，讓他感覺到即使在我面前坦承自己做得不好的部分，也是安全的。

「其實同學和老師有跟我講過很多次，可是我好像就是改不掉……」

「我感覺你有一點困惑，也有一點挫折，對嗎？」

第三步：鼓勵孩子篩選行動策略

有效的就多做，無效的就避免。這是對話第三階段的核心要素，也是幫助一個人掌握後續行動的重要指引。

「大維，謝謝你的分享。我發現其實在交朋友這件事情上，你用過很多種方法，而且你也知道自己有些行為會讓別人不太開心。我說的對嗎？」

我在這裡使用了「核對」的技巧，幫助大維整理剛剛談話的重點，也確認我是否正確理解他的狀態。

「嗯嗯。」大維點點頭。

「我想邀請你想一想，在你用過的方式裡面，如果挑一個讓別人想要靠近你的方法，你會選哪一個呢？」

「教同學數學題目吧。」大維回答得很快。顯然這是他拿手的方式。

「唉呀，我好希望以前可以坐在你旁邊啊！」我們兩人笑了出來。

「那你覺得教別人數學的時候，要留意哪些事情，比較不會讓別人覺得不舒服呢？」我問。

同樣的，經由這個提問，我陪伴大維整理出他的答案：

一、避免說出類似「這麼簡單你竟然不會」、「這對我沒有什麼難的」、「這種題目連笨蛋都會吧」的語言，取而代之的是問同學：「這一題，哪一個地方你覺得困難呢？」

二、如果正在忙，也不要說「吵屁喔」、「我沒空啦」，而是說：「我正在寫題目，下一節課我再跟你說，好嗎？」

我瞪大眼睛看著大維。「欸！你明明可以講出很棒的回應啊，這很不錯耶！」

「有嗎？」大維又露出一副「你很誇張」的表情，但我覺得此刻的他明顯放鬆許多，臉上還多了一點笑容。

「未來這幾天如果有機會教同學題目，你會如何回應呢？」我問。

通常大人在陪孩子討論行為改變策略的時候，很容易在聽到孩子說出正向的行為策略之後就結束對話。

這樣其實很可惜，因為說得到不代表做得到。我們可以邀請孩子從他提出的策略中，進一步選取近期願意開始執行的行動，如此一來，可以強化孩子對於新行動的想像與承諾，甚至邀請他說明新行動的執行細節。

「這題你不清楚的地方是什麼？……等我一下，我下一堂課再教你可以嗎？」然後他還額外補充一點：「我覺得上課的時候避免搞笑，可以省掉不必要的麻煩。」

「上哪一堂課，你會提醒自己避免搞笑？」

「國文課吧。國文老師很易怒。」

「很好呀！你又找出一個方法呢！」

你發現了嗎？截至目前為止，所有的策略是誰想出來的呢？

沒有錯，就是大維自己。這些方法都不是我教的，我只是透過提問，並且陪伴大維整理他所說的內容而已。

當然，假如我發現問題的難度太高，或者孩子真的找不到策略時，我也會適時問他：「關於這件事情，我有一些想法／方法，你想要參考看看嗎？」

原本覺得自己在人際關係中束手無策的大維，在對話之後，從自己身上萃取出正向與負向的元素，並且藉此調整未來的行動策略。在這過程中，也同時有人陪伴他克服挫折、重新獲得行動的自信，讓他知道：原來我是可以靠自己改善現況的！

大人直接給建議的時候，常常忽視了孩子的努力，以及他們身上擁有的正向資源，還可能會讓對方覺得我們在說教。

當我們透過三階段的對話來陪伴對方找出自己的資源時，對方會覺得我們理解他、尊重他，並且感覺到自己是有力量的。這麼一來，或許需要比較多的時間對話，但對孩子帶來的效益卻很珍貴。

接下來有幾個情境，邀請你一起來練習這三階段的回應：

情境一：

假如你是家長，當孩子問你：「爸媽，哥哥真的很討厭欸！都不讓我玩他的玩具，我到底要怎麼問他啦？」

第一步、訪問孩子採取過的行動：＿＿＿＿＿＿

第二步、辨識有效與無效的行動：＿＿＿＿＿＿

第三步、鼓勵孩子篩選行動策略：＿＿＿＿＿＿

情境二：

假如你是老師，當家長問你：「導師，我的孩子上了國中後沉迷於網路，我在約束他的時候經常發生衝突。請問我到底要怎麼跟他溝通呢？」

第一步、訪問家長採取過的行動：

第二步、辨識有效與無效的行動：

第三步、鼓勵家長篩選行動策略：

第7章

無望感：無數的失望與挫折

愛的反義詞不是恨，而是冷漠。

「恨」是因為對一件事情不順心而引發的情緒，本質上是在意的且抱有期待；而「冷漠」則是打從心裡覺得一件事情與自己毫無關係，全然不在意。當一個學生對課業冷漠時，他會拒絕投入時間與力氣，對自己的成績毫不關心，縱使擁有不錯的學習能力，但對學業沒有學習的熱情。當一對伴侶對關係冷漠時，彼此不再有親密的接觸、滋養的互動，或者關懷彼此的意願，如此一來，關係當然會慢慢地變得疏離。當一個成年人對工作感到冷漠時，上班只是一種消磨時間、毫無意義的重複行為，當然無法從中獲得價值與成就感。當一個社會充滿冷漠的氛圍時，每一個人都只在乎自己，不僅對於公益毫不關心，也不在意別人過得好不好。

那麼，冷漠是怎麼產生的呢？

長期的失望與挫折

失望是許多負面情緒的開端。

挫折也好，無望感也好，其實都是從失望衍生而來。當事情不如我們所預期時，失望的情緒就會產生；當我們無法用行動來克服失望時，挫折的情緒就會被引發；假如累積了太多的失望與挫折經驗，無望感就會悄悄降臨。

如果有一件事情無論你如何努力都難以撼動結果，長時間下來可能就不會想繼續投注心力，好比說：

- 想要造訪的餐館多次無故店休，你會直接把這家餐館從選單中移除。
- 很努力卻無法有好表現的科目，你會選擇把力氣用來學習其他的項目。
- 無論如何解釋都不被接受，你會選擇避開與他對話或互動。
- 無論如何努力都被忽略或曲解，你會減少對這一段關係的投入。

從他者的角度來看，你的外在表現似乎很冷漠，不關心、不投入、不努力，一副事不關己的樣子。事實上，只有你清楚地知道，這一份冷漠是來自於很深、很深的無望感。

無望感築起一道拒絕溝通的高牆

面對在課業上缺乏希望感的學生、在教養上缺乏希望感的父母，或者在工作上缺乏希望感的上班族，一旦你想要鼓勵、督促他們振作一點，就很像是有人將你很害怕或厭惡的昆蟲放到你面前，或是強迫你去和討厭的人見面。

客氣一點的反應是對方敷衍地答應你（但不會依照你的期待行動），稍微不客氣的可能會找理由結束與你的對話或迴避與你的互動。我也遇過很不客氣的學生與家長，直接大翻白眼，露出不耐煩的肢體語言。如此一來，對話當然無法持續下去。

這種拒絕接受任何鼓勵或建議的態度，會讓想要幫助他們的人感覺雙方之間有一道難以跨越的高牆，阻擋了別人的關心，讓你看不清、摸不清待在高牆裡面的孩子到底在想什麼。

有一次我在課堂上提到這個概念時，一位學員很可愛地說，這一道牆的外面應該會寫著「夠了，我不想要聽，也不想再努力了」，而牆內則是寫「我知道，但我就是做不到」。此時，想要提供幫助的一方會覺得很挫折、很生氣，有時候不自覺就會展現責備或否定的態度。但是請你記得：**這一道牆本身並沒有錯，它的存在只是為了保護待在牆內的主人，讓他有一個暫時的棲身之處，避免再去面對那些讓他失望與挫折的外在世界。**

所以我們千萬不要開著怪手粗暴地拆除這一堵牆，而是找個位置坐下來，陪他一起聊聊，試著理解關於這一道牆的故事，包括面對這些困難的感受是什麼？這堵牆是從什麼時候開始出現的？在這之前是不是做了什麼努力，卻總是達不到自己（或他人）的期待？這過程中有人給予支持嗎？還是都獨自一人咬牙苦撐？如果待在這一道牆的後面，可以避免哪些危險呢？

獨自一個人待在高牆的後方雖然可以避免某些危險，感覺比較安全，但與此同時也很寂寞。這時候如果有一個人不是急著把他拖出來，而是靠近，輕輕地敲一敲這一道牆，說：「哈囉，有人在嗎？如果你願意說說話，我很願意聽哦。」即使暫時得不到對方的回應，也有機會讓寂寞又冰冷的高牆增添幾分溫度。要讓冰冷的心重新點燃微小火苗，唯有充滿關懷的溫度才辦得到。

有人一起寂寞，那就不算寂寞[2]。

無望感帶給生命的修練

為了確保生活的品質，生物會盡可能把每一分力量都投注在有價值的行動上。無

---

2 這句話出自《一起寂寞》的歌詞（原唱：邱鋒澤、艾薇）。

論如何努力都無法成功的事情，會被大腦歸類為無效的行動，並且減少在這件事情上持續花力氣。因此無望感也正在提醒我們：**親愛的，你已經很努力了。我們可能要先停下來了，好不好？**

已故的聖嚴法師曾經提出廣為人知的「四它」：面對它、接受它、處理它、放下它。假如我們已經認真地面對問題，且能做的努力都做了，事情還是無法如我們所期待的發展，或許最終能做的就是放下它。此處的「放下」並不等於放棄，而是在努力之後，接受事情難免會有不如意的地方。這樣的行動非常不容易，那意味著我們要面對自己重視的價值或信念難以實踐，也必須接受自己的能力是有限的。

不知道你是否有與我相同的感覺：生活在這個世代，好像「持續前進」才是唯一且正確的方向，每一件事情都要更用力、做更多、表現更好，才不愧對於生而為人。到後來我們已經分不出來積極和心急到底有什麼差別。

我有一位擔任健身教練的朋友，他說許多剛來健身房的學員都抱著旺盛的熱情與鬥志，希望在短時間內用最有效率的方式練就一身結實的肌肉線條。當身體能夠負荷的重量來到一個極限、難以突破時，就會垂頭喪氣地問：「怎麼樣才能突破這個卡關的狀態？」

他通常會溫柔地鼓勵學員：「首先，請你先把重量都放掉，然後好好地休息幾天，讓撕裂、損傷的肌肉細胞可以重新修復。到時候我們再來試試看。」

接受過心理諮商的人也可能有類似的體會。剛開始與心理師談話時會有很大的進展，覺得充滿希望感，隨著諮商的進行，有時候進展的速度會變慢，甚至進入停滯或退後的狀態。這時候來談者通常會很急，擔心諮商是不是沒有療效？是否自己還不夠努力，或者哪裡做得不對？

此時我會這樣鼓勵他：接納自己成長的步調，允許有時候快、有時候慢一些。人類畢竟不是機器，無法每一件事情都談效率，線性前進，特別是關於生命這一堂複雜的課題。允許並接納自己這個階段就只能探索到某個深度，不要自責，也不要氣餒。隨著生命的推進，慢慢地又能夠邁入更深層的探索和成長。

鬆綁受限的觀點

想要從無望感當中走出來，不能只仰賴外在環境的改變，更重要的關鍵是覺察我們內在的觀點與期待。很多時候是因為我們受限的觀點，讓我們選擇只關注或接納事情的特定面向，導致我們在不知不覺間漸漸走入一條死胡同，並且困在其中。

我很常遇到家長覺得自己的孩子「沒救了」，我問他為什麼？他說因為孩子的成績不好。我問他成績怎麼樣不好？他說孩子的數學與英文無論如何努力都救不起來。我很好奇所謂的「救不起來」到底是幾分？家長說，就是只能在及格邊緣徘徊。假如你也認為每一個科目都要很優異，看到這裡可能也會覺得孩子沒救了。假如你認為孩子的學業成績只是生命的其中一部分，但願意努力學習的態度或創造其他舞台，也都是很重要的元素，那麼孩子的「數學與英文只能在及格邊緣徘徊」，對你而言就不會是「沒救了」，也不會因為這件事情產生無望感。

我也常遇到在工作上感到挫折、忍受機車主管或同事不友善對待的大人，深深覺得自己的未來很沒有希望。面對工作的壓力與不友善的職場環境，會感到不舒服是很正常的，但是「沒有希望」又是怎麼來的呢？

對方說，想到自己已經邁入中年，如果要轉職也不可能找到工作，所以覺得很無望。我問他是真的找不到工作，還是找不到待遇更好的工作？他說應該是後者。

「所以你不是沒辦法換工作，只是不一定能確保新工作的待遇比現在更好，對嗎？」我問。

對方點點頭。

「這份工作讓你壓力很大，但同時這份收入對你很重要？」我問。

「對，因為孩子正要上高中，房子的貸款也還沒有繳清。」他說。

「所以這一份收入可以幫你確保家庭生活和支出，而不只是帶給你痛苦而已，是嗎？」我問。

對方又點點頭。

「聽起來，你**不是真的無法換工作**，而是現階段的狀態讓你**選擇不換工作**，對嗎？」我問。

「好像是這樣說沒錯，那……所以呢？」對方有些困惑。

「一開始你覺得沒有希望，是因為好像只能被迫待在這份工作。但經過剛剛的討論，你自己有什麼發現嗎？」

「所以這其實是我自己的選擇，而不是我真的不能換工作？」

「被環境強迫和自己做選擇，你覺得有什麼不同呢？」

「嗯……，雖然還是不舒服，但好像比較沒有這麼強烈的無力感。」

「你覺得這樣的生活，未來有可能有其他的選項嗎？」我問。

「我覺得有耶！當我的孩子大學畢業、房貸只剩最後幾年時，我就不需要繼續這一份工作。」

「這樣的想法，會讓你覺得比較輕鬆嗎？」

他很用力地點點頭。

「為什麼呢？」

「嘖！因為從無期徒刑變成有期徒刑啊！」

這句話一出口，我們都笑了出來。

雖然現實環境在短時間內無法改變，問題也還是存在，但光是觀點的轉變，就會讓我們的心境造成很大的不同。從原本被迫待在工作中的無望感，到主動做出能維持生活的選擇，並且知道自己在未來能有其他的可能。

即使是面臨死亡如此重大的生命議題，我也曾經遇過當事人說：「我不是只有三個月就要死掉，而是還有三個月可以享受生命。我今天晚上還要跟家人一起聚餐呢。」「怨天尤人是一天，開心過日子也是一天，我為什麼要和自己珍貴的時間過不去？」這真的是非常了不起的人生態度！

轉個彎，或者好好休息

多年前我在嘉義念大學時，當時民雄市區有一座地下道，地下道其中一端的出口是T字型路口，從這邊出來的車子無法直行，只能往左或往右轉，於是鄉公所就在地下道的出口上方橫掛了一幅很大的布條，上面寫著一句很有意思的標題：「路不是走到了盡頭，而是該轉彎了。」

生命也是如此。

有很多事情不是我們能夠決定，有許多難題是解決不了的，也有很多事情不是我們努力了就能如願。假如我們無法接受這些事情不如我們的預期，持續累積的失望與挫折就會形成無望感，讓我們進入憂鬱與低落的情緒，漸漸失去行動力。

如果累了，就允許自己停下來休息，允許事情暫時沒有進度。

如果還想做些什麼，或許可以問問自己：「如果此路不通，我還可以朝哪些方向去看看呢？」

接下來，我要幫助各位掌握正向思考的觀點，未來當我們遇見挫折與無望的孩子時，可以引導他用不同的觀點來看待眼前的困境，陪伴他慢慢走出那一道將自己與外界隔開的高牆。

放下，才有機會看見新的方向。

正向思考三元素

某一天傍晚結束工作後，我獨自散步到捷運站附近的火鍋店用餐。店員用擋板將四人座的桌子隔成一半，檔板的另一邊坐了一對情侶，兩人貌似剛看完電影來吃飯。

男生：「你為什麼不喜歡《沙丘》？」

女生才正要說話，男生就開始解釋這部電影的拍攝手法。

男生：「你為什麼不喜歡《沙丘》？」

女生才正要說話，男生搶著說明電影跟電玩遊戲有關。

男生：「你為什麼不喜歡《沙丘》？」

女生才正要說話，男生又開始推論電影的後續發展。

男生：「你為什麼不喜歡《沙丘》？」

絕大多數的時間，男生一股腦地說著關於這部電影的各種細節，女生則是安靜地吃飯，除了偶爾請服務生幫忙加湯之外，就沒有再開口說話。

類似這樣的互動在熱戀期或許不會有什麼問題，但未來要是真的進入婚姻關係，時間拉長以後，很可能就會開始出現摩擦。

女生可能會這樣抱怨：「你怎麼都只顧講自己喜歡的事情呢？好無聊啊。」男生也可能這樣抱怨：「你怎麼對我喜歡的事情都不感興趣？好無趣呀。」一段感情在漫長的時光裡一點一滴失去溫度，缺乏希望感的親密關係很可能步向分手一途。

假如這對情侶是你的好友，有一天兩人來向你求助，你會如何回應呢？

一般常見的安慰何以無效？

人們絕對不是在第一次遭遇失敗就陷入無望感，而是長時間在一次又一次努力與挫敗的循環中，發現無論如何努力都無濟於事，才漸漸感到失去希望。好比說：

- 很努力，卻總是無法拿到及格分數。
- 很努力，卻還是距離目標非常遙遠。
- 很努力，卻依舊無法得到對方的認同或善待。
- 很努力，卻還是無法解決某些問題。

這時候，舉凡「加油，明天會更好」、「凡事往好處想」、「上帝關了一扇窗，一定會為你開啟另一扇門」、「上天總會有最好的安排」之類的安慰不僅無效，還可能讓受苦中的當事人覺得你在說風涼話。

不是因為這些語言不好，而是當人們說這些話的時候，經常忽略了對方可能已經在困境或痛苦中努力許久。這也是「未經他人苦，莫勸他人善」想要傳遞的提醒。

那麼，我們可以如何陪伴陷在無望感當中的人呢？

請記得：一個人感覺到無能為力、缺乏希望時，不代表他所面臨的困境完全沒有轉圜的餘地，也不代表他真的毫無因應能力。換句話說，**無望感這種情緒不全然是因為客觀的事實，也與個人如何解讀事情的觀點密切相關**。

一個人解讀的觀點長時間局限在預期失敗、對自己或他人不信任、負面的面向時，無望感的情緒就會逐漸浮現。

儘管如此，我們不必去責備或否認他的觀點，而是陪伴他看見「事情除了他所看見的之外，還有其他風景存在」，進而找到更多的可能性。所以正向思考的態度是**接納事情有負向或不如人意的部分，但也能看見事情更完整的樣貌**。

我們可以從這三個面向來練習正向思考：

一、重視正向的例外經驗：

失敗與成功是一體兩面，就像是大雨過後高掛在天空的彩虹。沒有人能夠一輩子每一件事都成功，當然也不會有人永遠失敗。

但我們「傾向關注失敗」的習慣，以及對自己嚴苛或貶抑的態度，都可能讓我們只選擇看見負向面，也逐漸失去希望感。

成功與失敗、正向與負向就好像是太極圖上的黑與白，無論從哪一方開始流動，整體都會隨之產生變化。所以當白色的部分增加時，黑色的占比就會相對減少。過往我們總是把力氣放在「黑色」的部分，包括如何解決或如何避免問題出現，但我們也可以練習選擇關注「白色」的部分，例如留意問題沒有出現的時刻，以及提升正向結果出現的頻率。好比說：

- 會向大人頂嘴的孩子往往也有聽話、順從的時刻。
- 被認為自私的孩子也有體貼、為他人著想的時候。
- 被認為消極的孩子，一定也有他感興趣、專心投入的項目。
- 被認為缺乏主見的孩子，也有在意、堅持的事情。

在教養上，家長或老師經常把力氣放在消滅孩子的問題行為，卻忘了其實孩子在生活中也有問題行為沒出現的時刻，很可能還有表現出正向行為的時候。好比說一個經常用攻擊來表達憤怒的青少年，一定也會有心平氣和的時刻，或者雖然生氣卻沒有表現出攻擊行為的時候。我們可以試著了解他是如何維持心平氣和的？以及他是如何在生氣的時候沒有表現出攻擊行為？

多多關注這部分，一來讓孩子感覺到自己好的一面被看到，二來也鼓勵他多多練習，持續採取適當的方式來表達情緒。

二、重視行動中獲得的回饋：

不是每一次的努力都能夠成功，但每一次的努力都能帶來成長。我們很習慣用結果來評估一個人的努力或行動。倘若結果讓人不滿意，往往就全盤否定了對方或自己的努力，這樣當然也會失去行動的意願。

面對來諮詢各種心理議題的人，我通常會邀請對方想想看：

- 關於這個問題，你曾經用過哪些方式來因應？
- 哪些方式有效？哪些方式比較得不到你想要的效果？
- 如果再次遇到這狀況，你會怎麼做？

經由這樣的討論，往往我還沒提供建議，他就能自行找到一些問題因應的方式。這些方式都是他從自己過往的行動中整理出來的經驗與智慧，而且有時候遠比我這個局外人提供的方式更有用。

這就是從行動中獲得的重要回饋。雖然努力的結果不一定讓人滿意，但這些回饋卻有助於我們再次面對類似的問題時，擁有更好的因應之道。你也可以練習從過往的行動中找出重要的回饋：

- 有哪幾次的溝通沒有引發衝突？那時候你是怎麼提問與回應的？
- 有哪幾次的投資你覺得後悔呢？當時你的想法或策略是什麼？
- 過往你在教授這個單元時，有哪些地方學生一下子就理解了？你採取什麼樣的教學技巧呢？
- 過往在會議上，有哪幾次大家不歡而散、不了了之？當時是因為說了什麼或做了什麼？有哪些在下次開會時，你會提醒大家（或自己）盡量避免？

從行動的過程當中收集回饋，有效的行動就多做，無效的行為就避免。從這個角度來看，根本沒有所謂的失敗。

三、重視過程中的投入：

鄰居當中有一位年邁的爺爺，我每天清晨出門去搭高鐵時，就會看見他拿著打掃工具與垃圾袋，來來回回把整個社區整理得乾乾淨淨。可是每次晚上工作回家時，就看到路邊又有一些隨手丟棄的垃圾，或是飄落滿地的樹葉。

有一次清晨運動時，我與爺爺聊到「你掃乾淨，別人又丟」的現象，問他會不會覺得有點無奈？他露出毫不介意的笑容說：「有垃圾很正常啊！但是每天打掃自己居住的環境，流一點汗比較健康，看到乾淨的環境，心情也很好。」

像這樣，爺爺在意的並不是有人丟垃圾，而是為自己喜歡的空間投入一份心力，這個過程讓他心甘情願地日復一日重複打掃行動。

我在課堂上舉出火鍋店那一對情侶的互動時，學員們很好奇當他們來求助時，我會如何回應？

假如這兩個人坐在我面前，我會對女方說：「我很佩服你的耐心。」

同時也會對男方說：「我很欣賞你的毅力。」

然後同時問兩人說：「你們是怎麼辦到的呢？」

可不是嗎？從正向思考的角度來看，無論他們目前的感情狀態如何，這麼長一段時間以來，有一個人可以如此包容另一方分享自己喜歡的事情，而另一個人願意不斷地與對方分享自己喜歡的事情，這真是一件不容易的事。有沒有可能他們都用自己的方式在包容對方或努力經營這一段關係？雖然各自採取的方式的確對關係產生負向影響，但內在的那一份意願卻是珍貴的。

我在許多親子關係與親密關係中也常看到這種現象：表面上看起來疏離冷漠，彼此迴避，實際上卻是因為雙方找不到有效的溝通方式，為了避免衝突或傷害彼此，於是慢慢選擇拉遠與對方的距離。

唯有幫助當事人看見自己或對方的投入，才能接收到彼此的用心與努力，也才能重新長出行動的意願，並且採取更有效的行動策略。

PART 3

培養情緒調節力

想要陪伴孩子長出情緒調節力，必須先允許情緒流動。

同時，也要滋養孩子的核心價值感。

最後，希望能陪伴你幫助孩子學習自我覺察，

覺察，是改變的開端。

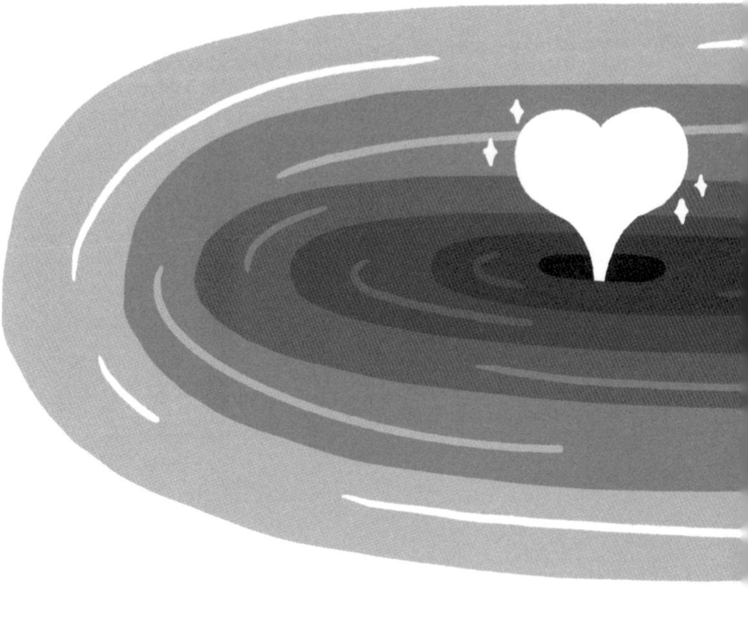

第8章

允許情緒流動

成為一個心理師到現在已經十幾年，我一直都很熱愛這一份工作，除了能夠與人有深度交流之外，也時常被問到許多有趣的問題。其中一個最常被問的問題就是：「你們這些當心理師的人，是不是脾氣都特別（或異常）好？」

每次被這樣一問，我的腦海總會浮現一個身形消瘦、穿著寬鬆道袍的僧人，盤腿端坐在高聳的巨岩上，無論腳下的海浪多麼波濤洶湧，他依然能夠穩如泰山處在原地，絲毫不為所動地持續靜坐。又或者是一個經常將溫暖的笑容掛在臉上，渾身上下散發出愛與光芒的好人，就算結帳時遇到有人插隊、開車遇到不打方向燈又亂超車的混蛋……啊不是，是不遵守交通規則的駕駛，也都能夠平心靜氣以對。總之，對他而言沒有什麼不得了，也沒有什麼了不得的事，總是可以保持平靜，不容易被惹怒。

偷偷告訴你，我在讀研究所時期立志成為心理師，也曾幻想過有一天我會成為這樣的人，只是這一天目前還沒有到來。畢竟前一晚，我才因為熱水器被提早關掉、洗到一半沒熱水而抓狂，然後我也會因為正在追的連續劇被爆雷而翻白眼，會因為誤點的列車而焦慮，也會對於被老闆遺留在盤子裡、沒有夾進紙袋的那一塊炸米血久久難以釋懷（拜託，少了那一塊內心的剝奪感很強烈欸）。

「那就算你成為一個心理師，跟以前的你不就還是一樣嗎？」對方問。

「一樣，但也不太一樣。」我說。

然後對方很明顯露出一副「你看，心理師講話真的很愛拐彎抹角」的表情。

在情緒調節這一條路上，我的確是在拐了好多個彎之後才發現，我的態度或許從一開始就是錯的。**想要「成為一個沒有負面情緒、時時刻刻都保持在平靜狀態」的這種想法，完全不切實際，也沒有必要**。

健康的情緒是流動的

如同你購買的各種3C產品，第一次開機呈現的都是原廠設定值，那麼「情緒流動」，就是我們來到這個世界的原廠設定。

情緒是因為我們對於各種訊息的感受與解讀而來，它會有浮現的時候，也會有消退的時候。流動的情緒就像是一條乾淨通暢的河道，雨水來臨時水位會稍稍上漲，但因為流動順暢所以不至於失控暴漲；當雨水暫歇之後，河道再次恢復平穩的狀態。相反地，當一個人經常忽視或壓抑情緒，不舒服的情緒就像被阻塞的河道持續累積在我們的身心，一旦雨量多了就會超出負荷，一發不可收拾。

人會感受到各種情緒是再自然不過的事，每一天我們都交替經歷著開心、失望、沮喪、生氣、無能為力、平靜……各種情緒狀態，每一種情緒都會引發身心不同的反應，從緊繃到放鬆、從急促到緩和，這就是流動的過程。倘若我們忽略或壓抑情緒，拿掉了情緒的出口，身體反而可能持續處在緊繃或急促的狀態，久了就形成情緒卡住、身體僵硬或不舒服等狀況。

允許情緒流動不是放任情緒到處肆虐、遷怒別人，或只顧自己開心而不顧他人感受，一難過就要別人來為他負責。而且這樣的人真的太讓人討厭了，不是嗎？請放心，情緒流動不是這麼一回事。

允許情緒流動是指**接納情緒有浮現的時候、有停滯的時候，也有退去的時候**。我們不特別歡迎某一個情緒，也不刻意拒絕某一個情緒。假如情緒是一道漩渦，你注意到這個漩渦開始啟動了，然後練習拿出一張板凳，坐在一旁靜靜地觀察它，但不要慣性地往漩渦縱身一跳，讓自己被捲進暈頭轉向的情緒泥淖中，也不要丟進更多東西來餵養、壯大它。

保持情緒流動才是健康的狀態，情緒不流動則是引發許多身心疾病與行為問題的原因。接著我們來看看幾個因為情緒不流動所引發的負面效應。

卡住的情緒，困住的行動

在心理治療的過程中，我會特別留意當事人「堅持某些行為，不願意改變」的現象。人們不願意輕易撼動（或放棄）的行為，一方面是因為能為他們帶來某些主觀有利的好處[3]，另一方面則是與不流動的情緒有關，我通常將這種現象稱為是情緒被「卡住」。

冷戰就是一種因為情緒被卡住而產生的僵局。在關係中的每一個人都因為困在自己的情緒裡走不出來，失去了行動的彈性，缺乏調整的意願。誰都不願意採取行動的情況下，關係當然動彈不得。直到有一方的情緒開始流動、負面情緒逐漸消退時，才可能重啟對話，修復關係。

又好比說，當一個孩子覺得自己被誤解時，內在會產生憤怒與委屈，並且伴隨著想要被理解、安慰的渴望。孩子單靠自己難以調節這些情緒，持續卡在這些沒有被聽懂、理解或滿足的情緒，就有可能展現出抗拒、不配合的行為。

前面所提到的冷戰是有時效性的，可能過幾個小時、幾天，情緒就會慢慢鬆動。

3 請參見我的著作《說不出口的，更需要被聽懂》。

然而在生命中，也可能會有持續好幾年、甚至一輩子都走不出某個情緒的困境。

好比說，若孩子一出生就有某些缺陷，父母會有內疚或自責的情緒是很自然且正常的。倘若這一份內疚或自責過於強大，父母很有可能會過度涉入孩子的生活，例如為孩子安排許多訓練課程來提升能力，過度保護孩子，盡全力避免讓他面對各種挑戰……，過度的涉入很可能對孩子的成長形成一種干擾，甚至造成親子間的衝突。旁人看了或許會規勸父母放手，賦予孩子自由發展的空間，但父母若沒有覺察到自己被困在不流動的內疚情緒，就很難有所改變。

在親職講座中，我常常提醒父母「可以挫折，但不要自責」，教養的過程中有很多事情無法全然如我們所期待，這時候會有挫折是很正常的。但我相信父母親每一個抉擇、行動，都是你當下所能想到的最佳選項。如果我們經常用批評或否定的角度來看待孩子、伴侶或自己，不僅對彼此不公平，也會讓我們持續活在自責或愧疚中。

將情緒轉嫁到外在

「最愛抓走孩子的就是警察和壞人；最愛生氣的就是老闆和隔壁的阿伯。」大概是全世界的父母最常用來威嚇孩子的劇本。

如果沒有妥善處理自己的負面情緒，很可能會把不舒服的情緒轉嫁到他人身上。

好比說當孩子吵鬧或不聽話時，我們會感覺到心煩、挫折，並且逐漸形成生氣。這時候我們會直覺地認為「孩子吵鬧、講不聽，讓我很煩很丟臉，這問題是出在孩子身上，我應該對他生氣，處罰他」，所以我們會把挫折與憤怒歸咎到孩子身上。

可是請你想一想：面對孩子同樣的行為，所有的父母都會有相同的情緒反應嗎？如果別人不會感到煩躁，而我卻感到煩躁，這到底是孩子的問題，還是我的問題？換句話說，孩子吵鬧的行為引發我煩躁的情緒，但我只是責怪孩子，卻忽略了去處理自己內在那一塊容易被引發負面情緒的部分。

同樣的情境，還有另一種狀況會發生。當孩子吵鬧時，我們也擔心伴侶或旁人會不會生氣？這一份焦慮往往比較隱微，難以覺察。如果我們自己無法安頓這一份焦慮，並且把它轉嫁到另一半身上，我們就會對孩子說：「你再這樣，媽媽（或爸爸）要生氣囉！」我在公共場合也常看到家長對孩子說：「你如果再哭，警察就要把你抓走了喔！」「你看，隔壁的阿伯要生氣了，你完蛋了。」其實對方並沒有生氣，是我們擔心對方會生氣，指責我們沒有盡到管教的責任。換言之，我們在處理的其實是自己內在的焦慮。

為什麼我對這種「恐嚇」的語言會這麼有感觸呢？因為我經常只是在店裡安靜地吃一碗麵，卻無端成為隔壁家長口中的那一個「快要生氣的阿伯」。（這實在是很冤枉啊……）

關係變得疏離

假使情緒不流動，關係當中的雙方就難以辨識彼此的感受，找不到相處的方式，很有可能讓彼此的連結變得疏離，失去溫度。

每一年我都會固定舉辦幾場關於情緒覺察與調適的課程，有一對夫妻聯袂參加（更精確地說，是太太拖著先生一起來參加）。太太期待與先生有更深入的對話，並且希望先生在互動上多一些關於情緒或感受的元素。我請她舉出具體的例子。

她說，有一次兩人一起參加好友的告別式，回程的路上她就問先生：「親愛的，如果有一天我先過世了，你會怎麼樣呢？」

「還能怎麼樣？日子還是得過下去啊。」

「你不會覺得難過嗎？」

「難過又有什麼用？生死有命，命是老天爺在管的。我們只要好好過生活、注意健康就好了。你身體健康得很，不要想太多。」

理性上，她知道老公說的沒錯，但在感性層次上，總覺得先生的回應讓她很有距離感。生活中有很多互動都像這樣，到後來就不了了之，也很難有更深入的對話。

「你怎麼看待太太所說的話呢？」我問先生。他始終在一旁靜靜地聽著太太說話，沒有露出不悅的神情，就只是「聽著」。

「我**知道**她在說什麼，也**知道**她想聽到什麼回應，不過沒有人能夠預料未來會怎麼樣，所以我只是回答她當下**最實際**的答案。」先生很冷靜地說出這段話，太太則是露出無可奈何的表情。我可以想像，這大概就是這對夫妻在日常生活中互動的常態。

第二年，這對夫妻又出現在我的課堂上。我問他們為什麼重複參加一樣的課程？太太說，先生去年上完課以後，似乎產生了很神奇的轉變。

有一天，他們兩人坐在客廳看電影。影片中的太太因為疾病過世，先生獨自一個人張羅告別式的大小事，先生一邊整理，一邊回顧許多與太太多年來的點點滴滴。

看到這裡，先生默默地對她說：「還記得去年你問我的那一件事嗎？」

「啊？什麼事？」面對先生突如其來的問句，太太摸不著頭緒。

「如果有一天你先離開了……在告別式上，我一定會覺得自己是全世界最孤獨的那一個人。」

太太詫異地看著說出這些話的先生。

「我會覺得很慌張，為什麼現場來了這麼多我們認識的人，可是我卻看不到最熟悉的你？」「你在哪裡呢？我好害怕再也見不到你……」先生的聲音有些顫抖，就在說完這一句話之後，眼淚潰堤般地落下，好像一個小朋友那樣將累積在心裡很久、很久的悲傷一股腦傾洩出來。太太聽著也紅了眼眶，擁抱著先生說：「沒關係的，我在這裡。慢慢來、慢慢來……」

有十幾分鐘的時間，太太就這樣靜靜地陪伴著先生，直到哭泣聲由大轉小，然後慢慢停歇。那一天之後，她感覺到先生好像不太一樣了，臉上的表情變得比較豐富，整個人也比較柔軟了一些。

「掉了眼淚之後，你有什麼感覺嗎？」我問先生。

先生說：「其實那一天我沒有預料到自己會有這麼強烈的情緒，只是試著想要告訴她我內心真實卻從未說出口的想法，可是就在這個想法從嘴巴說出來的同時，難過的情緒好像不由自主地湧上來。我很慣性地想要壓抑住不讓眼淚掉下來，可是心裡卻好像傳來一個聲音鼓勵我：**沒關係的，就這一次就好，試著允許情緒出來吧**。

「從小到大，我都覺得自己是一個情緒平穩的人，我感覺這樣的自己是很有自制力、成熟懂事的。可是感覺到淚水在眼眶打轉的那一刻，要嘛我得啟動更大的力氣抑制它，或者我讓自己放鬆，允許淚水流出來。我意識到身邊的是太太，是值得我信任的對象，所以我選擇了後者。後來我發現，讓眼淚流下並不難，難的是擔心身邊的人會用什麼眼光或態度來看我。」

意識到難過的情緒來了，正視它，停下來感受它。看見自己的情緒，然後提供情緒一個出口，讓它流動，並且慢慢地退去。

回到這篇一開始的那個提問：「就算你成為一個心理師，跟以前的你不就還是一樣嗎？」

「一樣，但也不太一樣。」

和以前一樣的是，我仍舊擁有喜怒哀樂，會有突如其來的情緒，難免也會有某些情緒擱在心上較長一段時間。和以前不一樣的是，我越來越覺得沒有必要成為一個不會生氣、沒有情緒起伏的人。當我不把力氣浪費在壓抑或否認情緒，就能讓自己活得更放鬆、更自在。

「情緒流動」才是生命的原廠設定值。

安頓情緒，從接納開始

就像身陷在鬆軟而巨大的流沙當中，越是用力掙脫，就讓處境越險惡。

無論你有沒有發現、相不相信，我都要提醒你：**我們經常是讓自己受困在負面情緒的始作俑者**。很多時候，是我們自己選擇緊緊抓住某些念頭不放，特別是：

- 擔心未來會不如自己所預期。
- 覺得應該怎樣卻沒有這樣的經驗。
- 覺得吃虧或者被虧待的經驗。

或許你會擔心「不去想這些事情，不好的事情就會真的發生」，但其實緊抓著這些念頭不放的結果，就是讓自己持續困在負面情緒當中，無法呼吸到新鮮的空氣，當然也無法放鬆。

負面情緒是很自然的現象，但長期困在負面情緒當中會讓人很難受。想要從負面情緒的泥淖裡走出來，你要做的一件事情既簡單、卻又非常不容易，那就是：**接納當**

下的負面情緒。

放手，才能放鬆一些

情緒來的時候去經歷它，情緒離開時就與它道別。

這件事情孩子處理得比我們好太多了。孩子生氣的時候就生氣，等到氣消了又可以繼續玩在一塊兒；孩子難過就哭泣，哭完之後你還是他心裡最愛的那一個大人；孩子開心的時候就大笑，把你煮的餐點吃得乾乾淨淨，放鬆地躺在你的懷裡，但身為大人的我們，卻逐漸失去這種能力。

「接納負面情緒」有些違反我們熟悉的常理。我們熟悉的邏輯是，有什麼讓我們不開心的事情，趕緊把問題揪出來，將它解決或消滅就沒事了。這種邏輯在某些時候很管用，例如你後悔買錯了某樣東西，那就申請退貨或將它轉賣掉，眼不見為淨就覺得輕鬆許多；面對心煩的工作，一鼓作氣完成它，心裡頭的負擔就消失了。

但也有一些例外，特別是當你根本找不到問題的起因，好比說：為何某些人就是不喜歡你？為何某些事情會發生在你身上？為何你莫名的就不快樂了？或者即使知道問題所在，但是短時間（或永遠）無法解決這個問題，這種邏輯不僅無法派上用場，還可能反過來將自己困在不愉快當中。好比說：

- 在事件中，找不到誰才是真正的「犯人」。
- 失去了摯愛的人或珍貴的事物。
- 長久以來無法有效治療的身體疾病。

按照過往熟悉的邏輯，如果你硬是要在這些困境裡要找出原因或解決方法，結果不僅徒勞無功，內心還會產生讓自己更挫折的聲音，像是：「真是糟透了，怎麼都找不到問題的原因？」「我到底是怎麼了？為什麼不趕快振作起來？」如此一來，我們就完全陷入負面情緒的循環了。

看見了嗎？**我們習慣用來消滅負面情緒的方式，反而會讓自己陷入更不愉快的情緒中。**

傾聽難受的情緒，而不是趕走它

我們都討厭負面情緒，覺得它是帶來痛苦的討厭鬼，巴不得它趕快離開。可是如果我們從另一個角度來認識它呢？假如負面情緒是負責捎來內在訊息的使者，它幫助我們覺察當下意識到或沒有意識到的各種狀態，你還會這麼討厭它嗎？好比說：

- 悲傷，是因為你惦記起某些已經逝去的美好。
- 失望，是你遇見了內心深處未被實現的渴望。
- 害怕，是你覺察到自己的渺小與無能為力。
- 焦慮，是因為想確保事情都在你的掌控中。
- 挫折，是讓你看見行動無法達成你的期待。
- 猶豫，是讓你看見進與退都有想要的東西。

如果我們忽視、否定這些訊息，它就會用更強烈的方式來提醒你：「哈囉！你到底有沒有在聽我說話？」

假如你溫柔地回應它：「我看見你囉，謝謝你捎來的訊息，我知道了。」那麼，這一位負責傳令的使者在完成任務之後就會不著痕跡地離開。

因為被聽見、被接納，負面情緒就沒有留下來的理由。

同樣的，孩子的負面情緒多少也影響了你的情緒與注意力，干擾了你的行動，所以你會想要趕緊叫孩子不要吵、不要哭，這也是很正常的。但你知道嗎？越是這麼做，你就得花越多時間處理孩子的負面情緒。聽見負面情緒背後的聲音，照顧這個情緒，孩子的負面情緒就會消退，你也能重新擁有自己的時間與空間。

感官定位練習：溫柔地安撫負面情緒

我相信你一定很想知道**假如不找出原因、不解決問題，我們還可以如何安頓負面情緒？**

正因為情緒是流動的，我們越是阻擋，它就越難流動；你用越多負面元素滋養它，它就變得更壯大；相反地，如果我們接納它的存在，不插手干預，它就會自行消退。我們沒有辦法逼迫自己的腦袋立刻停止負面的思考，但我們可以練習將注意力引導到不同的地方，藉此調節不愉快的情緒。

面對找不到原因、暫時（或根本）無法解決的問題時，我們就需要把注意力從死胡同裡拉出來，安放在更適當的面向上，進而幫助自己回到平穩的情緒狀態。

我們不是強迫自己「不去想」某件事，因為這會耗費我們極大的能量去壓抑。我們要做的是練習把注意力從讓我們受苦的迴圈中抽離，找到更適當的地方安放，而最適合我們安放注意力的地方，不是腦袋、不是遠方，而是在離我們最近的地方——身體感受。

當你感覺到自己有負面情緒浮現時，可以練習把注意力從思考移轉到感官上。你可以找到一個相對安靜的空間坐著（或站著也行），然後依據視、聽、嗅、味、觸等五官接收到的訊息執行練習：

- 深呼吸，留意自己此刻的姿勢。
- 深呼吸，把注意力交給眼睛，觀察周遭環境有哪些東西。
- 深呼吸，留意傳進耳朵的各種聲音，包括明顯的聲音、微小的聲音。
- 深呼吸，感覺到空氣從鼻腔進來，然後緩緩地吐出去。
- 深呼吸，留意到掌心的溫度、身體與椅子的接觸、腳掌與地面的接觸。
- 深呼吸，慢慢地喝一口水、茶或咖啡。
- 深呼吸，感覺到胸腔與小腹的起伏，感受此刻的心跳變得更為緩和。

假如時間允許的話，你可以依照這個順序重複練習幾次。每一次當你發現分心了、注意力又跳到負面思緒的時候，不要批評自己，也不需要生氣或挫折，只要溫柔提醒自己再次把注意力帶回來這個練習就好。

當你專注在感官上時，就已經將注意力從思緒當中拉出來，所以完全不用擔心什麼時候「心才會靜下來」，當你專注在身體感受上時，心就會隨之平穩。

第9章

核心價值感

眼前所見的一切，盡是我們內心世界的延伸。
你的觀點，決定了你看見的風景。

處理情緒問題時，必須留意一個重要的內在因素，這個因素左右著我們解讀事情的觀點，以及我們的情緒品質。我將它稱為「核心價值感」——一種發自內心喜歡自己、覺得自己很不錯的主觀感受。

我有一位年逾五十歲的女性友人，個性開朗又樂觀，經常笑稱自己是「棉花糖女孩」，她說自己的體型和棉花糖一樣蓬鬆，性格與青少年一樣開朗。

有一次她到一間網路上頗有名氣的餐館用餐，那一家店有兩個很出名的評價：食物出名得好吃，老闆的臉色出名得臭。那一天她點完餐後就坐在位置上等待餐點，剛好老闆走進內場拿東西，經過時面無表情地問她：「小姐，你的湯麵要加多辣？」

這位友人發揮了她一貫的幽默。「你看我有多辣，就幫我加多辣。」

老闆聽了之後忍不住出笑出來，對著外場喊：「那個三桌的湯麵完全不辣，另外端兩盤小菜給這位小姐。」兩人的對話逗得全場大笑。

店員上菜的時候還很驚訝地問：「我們來這裡工作這麼久，第一次看到老闆的笑容，也是我們老闆第一次破例額外贈送餐點。你是怎麼辦到的？」

對於已經邁入中年、開始面臨落髮危機的我而言，要像她一樣輕鬆面對自己的外表和體型，還真是一件很不容易的事情。除此之外，很多人只要聽到別人的評價，就可能會難過好幾天，久久無法平復。於是我很好奇地請教她，如何能輕鬆地面對自己，甚至自我調侃？

她說：「其實我從小就常因為胖胖的體型被嘲笑，一開始當然也很難過，花了好多的時間才慢慢理解，假如我選擇活在別人的嘴裡，每一天的開心與否都是由別人來決定。但我好像也擁有一種權力，就是去學習接納自己的體型的確不是多數人喜歡的，這與我這個人好不好、有沒有價值一點關係都沒有。我可以選擇接納這一具陪伴我活在這個世上、到處旅遊的軀體，我會學習用比較健康的方式來照顧我的身體，但那是為了讓自己活得更健康，而不是讓自己變成某些人喜歡的樣子。除了體型之外，我依舊可以做我喜歡的打扮，欣賞自己的能力，也喜歡與人互動及分享，並且持續發揮我與生俱來的禮物——幽默。」

她擁有許多好朋友，大家都喜歡邀請她參加聚會，也喜歡找她談心。與她相處時真的很放鬆，不需要擔心踩雷，不需要小心翼翼，因為在她的心裡，早已把這些地雷給掃除掉了。

別人的評價的確會影響我們的心情，但實際上真正左右我們情緒的因素，不全然來自對方的評價，也與我們看待自己的眼光有關。

許多初次來到台灣的外國遊客，必定會造訪位在信義區、曾創下許多世界紀錄的「台北一〇一」，是擁有地上一〇一層與地下五層、高度達五〇八公尺的世界級建築。這棟大樓內部有個吸引眾人目光、名為「調諧質量阻尼器」（Tuned Mass Damper）的設備，光是重量就超過六百噸，造價四百萬美元。這個龐然大物的作用是什麼呢？

針對如此高聳的建築物，高掛在九十二樓的阻尼器可以有效吸收建築本身的微幅擺動，降低內部人員的不適；當地震、強風發生時，阻尼器也可抑制大部分的劇烈擺動。簡單來講，它扮演著穩定建築的重要角色。

你可以把價值感想像成一個安放在我們內心的阻尼器，它能讓你在面對挫折、貶低、攻擊時，維持身心的平靜與穩定。好比說聽到他人的批評時，扮演穩定效果的價值感會幫助我們反思、改進，但也篩選掉不必要的有毒訊息，避免我們過度陷入負面情緒中。

一般價值感與核心價值感

我把價值感分成兩種：一般價值感與核心價值感。

第一種價值感的來源是大家最熟悉也最喜歡的，包括優異的學業成績、人人稱羨的工作與收入、受歡迎的外表、奢華的物質生活、到過許多國家旅遊，以及隨著這些成就而來的讚美和按讚數，我把這種來源的價值感稱之為「一般價值感」。

這種價值感讓人很舒服，甚至會有飄飄然的感覺，覺得自己好像來到了世界的頂點。但它就像是色彩繽紛、口感酸甜迷人的糖果，雖然享受的當下覺得開心，但終究無法成為長期且穩定的營養來源。

換句話說，你無法從它身上獲得真正的養分。你吃了一顆糖果，之後就需要更多顆糖果，或者更炫麗、更特別的糖果才能感到滿足；一旦遭遇挫折或得到不如你所期待的回饋與評價，你會覺得自己的世界好像瓦解了，若不是感到羞愧，不然就是對對方感到生氣。這種現象與各種物質成癮其實是很相似的。

我遇過許多頂尖大學的學生，能夠躋身進入他們就讀的科系是一件非常不容易的事情。表面上看起來，他們的確透露出聰明與自信的氣息，然而這當中有很多人一旦在學業競爭上遭遇挫折，很容易呈現兵敗如山倒的狀態：挫敗、自我懷疑、憤世嫉俗，甚至自我放棄。我常常在想，或許這些人在成長過程中，都是藉著優異的學業成績來累積價值感，一旦這個來源被阻斷了，所謂的價值感也就崩壞了。

另一種價值感的來源，是我們在生命早期透過被主要照顧者充滿滋養的撫育和回應當中，在沒有意識的情況下一點一滴逐漸累積出來的正向感受，我將它稱作「核心價值感」。它帶來的是充實、平靜與滿足的感受，讓我們打從心裡感覺到自己是一個「挺不錯」的人，幫助我們減少許多不必要的自我批評、錯誤的自我歸因，也不至於因為他人中性或善意的建議而心碎滿地。

擁有高核心價值感的人並不是只活在自己的世界、完全不在乎他人的感受或眼光，而是能有效篩選並過濾掉那些對自己有害且未必屬實的有毒訊息。

仰賴外在成就或表現累積而來的價值感，會讓你「看起來」很有自信；擁有強韌的核心價值感，會讓你發自內心覺得自己很不錯，即使遇到困難、挫折時，也不至於嚴重質疑、否定自己的價值。

羨慕與嫉妒的差別

看見別人表現得很好、過得很不錯時，你有注意到自己內心浮現的念頭嗎？羨慕與嫉妒這兩種情緒，都是發生在「看見別人有好事發生」的時候，差別在於前者為你帶來正向感受，後者卻引發你不舒服的感覺。為什麼會有這麼大的差別呢？

這當中最關鍵的因素，就是核心價值感。

核心價值感高的人，能夠發自內心欣賞對方，給予對方祝福，也為對方的努力與能力感到敬佩。我有一個朋友就是這樣的人。我曾經試著挑戰式地問他：「倘若一個人的財富是繼承家裡的產業，而不是透過努力，你如何看待這件事？」他說，他會很好奇他們家族的產業如何經營，讚嘆命運有如此大的影響力，也好奇對方生活的方式與我們有多大的差異？換句話說，他總是帶著欣賞與好奇的觀點去看待他人的好。

核心價值感低的人，看到別人過得好時，很快會注意到自己相對過得很糟糕。這個念頭來得又快又隱微，卻對我們造成極大的影響。好比說：

- 自怨自艾：覺得自己明明很努力，為何不受老天眷顧？
- 自我否定：覺得自己很沒用、很丟臉。
- 盡量迴避：避免與過得比自己好的人相處，才不會引發自卑的感覺。
- 攻擊或質疑：覺得他一定是從事不正當行業，才會年紀輕輕就累積大把財富；或者覺得對方都是靠運氣或靠父母，才有今天的成就。

所以，核心價值感決定了我們如何看待自己，以及如何看待他人，進而影響情緒與行動。**外在的一切，盡是我們內心世界的延伸；你的觀點，決定你看見什麼。**

核心價值感影響學習態度

生命本身就是一趟無止盡的學習之旅。核心價值感高的人在面對學習時，能夠享受在行動的過程：成績當然很重要，但是知道哪些方法奏效、哪些策略無效，也能夠讓他們感受到學習與成長的喜悅。

相對地，核心價值感低的人偏向於重視結果、外界的眼光，並且依此做為對自己的評價。對他們而言，學習是一件充滿壓力的事情，假如結果不如預期，就感覺自己是一個失敗者、沒有用的人。

前者重視成長，後者重視成功。**正因為不會每一次的努力都能成功，但每一次的努力都能有所成長**，所以相較之下，核心價值感高的人獲得的正向經驗往往多過於負向的經驗。

核心價值感高的孩子也可能擁有較高的「自我效能感」，這是一種覺得自己有能力面對困難、處理某些問題的主觀感受。自我效能感高的孩子比較有勇氣去面對沒有嘗試過的事情，好比說自願擔任班長、嘗試上台演講、在大隊接力賽跑第一棒，這種心態讓他在未來求學或職場上投履歷的時候，比較勇於接受更高一階的挑戰。

相對地，核心價值感偏低的孩子通常預期自己會失敗、會表現得很糟糕，他們會盡可能避開挑戰、迴避未知的事情。請留意：迴避風險本身沒有什麼不好，這也是一種自我保護的方式，只是這些孩子往往低估了自己真實的能力，也因此錯失（甚至拒絕）一些很棒的機會，這是比較可惜的地方。

你如何看待自己，別人就如何對待你

十歲的小倩因為長期遭受父母暴力對待，被安置到寄養家庭。即將結束安置、返回原生家庭前，我問她對父母有什麼期待，她說：「只要爸爸媽媽不再打我就好，其他都沒關係。」

「其他像是什麼？」

「就是……在很多人面前罵我白痴、智障，或者有時候可能沒有飯吃。」

「為什麼挨打不行，其他就可以呢？」我很好奇。

「打會痛呀，其他的不會。」小倩很天真地說。

「身體不會痛，但你的心情不會很難過嗎？」

「嗯……會吧。」小倩回答的聲音變得小小的。

「那為什麼你可以這樣被對待呢？」

「可能是因為我不乖吧，不然爸爸媽媽不會這樣對我。」

因為覺得自己不夠好，所以認為自己不重要、不值得被好好對待。這類型的孩子在成長過程中，往往也無法保護自己。因為從小就沒有被好好地尊重與回應，難以長出堅韌的核心價值。倘若連我們都不認為自己是值得被尊重的，別人又怎麼會尊重我們呢？

有很多人提到，小時候被欺負之後，回家還被長輩羞辱「一定是你自己有問題，人家才會欺負你」、「你真的很沒用，被欺負了也不懂得要反擊」。這些語言其實都在暗示孩子：「是你不好，才會被欺負。」事實上，沒有一個人理所當然要被欺負，而且一個受傷的孩子需要的不是羞辱，而是被父母好好地呵護與安撫。

別人怎麼對待你，都是你教的。這句話聽起來雖然有些刺耳，但如果我們希望別人尊重我們，就得先學會尊重自己。

一個懂得尊重自己的大人，才能在教養中樹立清楚的界限，以溫和而堅定的態度讓孩子學會尊重你，並且遵守你們之間的約定。一個尊重自己的人，能夠理所當然地拒絕別人侵犯的行為，清楚知道那是不對的事，而不是回過頭來批評自己沒度量、大驚小怪。

在這一章的尾聲，我們來整理一下核心價值感較高的孩子可能出現的狀態：

- 正視並接納自己的不足，但不因此而陷入負面情緒。
- 用欣賞的眼光來看待自己與他人。
- 享受學習的過程更勝於結果，重視持續的成長更勝於一時的成功。
- 能夠尊重自己，並且擁有健康的人際界限。

核心價值是安放在內心的不倒翁，幫助我們穩定情緒。

培養孩子的核心價值感

培養孩子的核心價值感，絕對是教養過程中ＣＰ值最高的投資！擁有高核心價值感的孩子，能夠用正向的觀點欣賞自己與他人，享受學習的過程更勝於只在意結果，也比較具備接受挑戰的勇氣。更重要的是，這些特質能夠幫助孩子處在相對穩定的情緒狀態。

想要陪伴孩子長出核心價值感，大人可以從這三個方面著手：

一、**允許孩子可以依賴**。

二、**陪伴孩子探索自己的能力**。

三、**讓孩子有機會做選擇**。

允許孩子可以依賴

「依賴」這個詞被人們汙名化得有些嚴重。當我們提到依賴的時候，會聯想到一個懦弱、長不大，甚至不負責任的人，即使是叱吒職場的高階主管、年薪千萬的超級業務，或是偉大的發明家，在工作之後也需要回到溫暖的窩，和自己的家人或寵物膩在一塊。再怎麼奢華的住宅空間，都比不上有一個安全、溫柔的對象讓你放心地依偎著、說說話、撒撒嬌。那是一種被愛與支持的歸屬感。

雖然許多勵志書籍告訴我們「無論如何，人終究要靠自己才能好好活著」、「不管老天如何安排，命運掌握在自己手上」之類的論點，但我衷心認為，如果這個世界真的只剩自己一個人，其實你根本無從得知自己的樣貌。一個人對自己的認識，基本上是從人際互動當中慢慢形塑而成的。

孩子在遇到困難的時候，不管是轉過頭、回到家或是撥一通電話，能夠看見父母的身影、聽見父母友善而安定的回應，就能感覺到被呵護、被穩穩地接住。有時候光是這樣，就足以重新長出面對問題的勇氣。

我的朋友曾分享一段不為人知的過去。有一年，他因為被一起創業的夥伴詐騙，負債累累，在走投無路的情況下，爬上大樓最頂層想要結束生命。

他在頂樓打了一通電話給打零工、獨自撫養他長大的父親，明著是訴苦，暗地裡也在向父親道別。

一向不善言語的父親靜靜聽完後，很溫和地跟他說：「孩子啊，家裡永遠有一副你的碗筷，肚子餓了、累了記得回家，阿爸煮飯給你吃。」他說父親的這句話好像是一雙厚實的手，溫暖而有力地將他從牆上抱了下來。

直到父親過世後，那句話依然讓他相信：「即使有許多人傷害過我，但還是有人真心關心我。我不是這麼糟糕的人。」

一個人不會因為成績、成就或各種原因而被父母親拒絕疼愛或放棄。擁有被接納、允許依賴的經驗，可以讓孩子感覺到自己是被愛、被支持的，這種正向的體驗會轉化成自我安頓、肯定自己的力量。未來即使父母已經離開人世，依舊能夠持續在孩子身上發揮影響力。

無論親子關係還是伴侶關係，衝突和不愉快的情緒都是在所難免，但千萬不要因為這樣就說出「早知道就不要生下你」、「我們家沒有你這個人」或「我就是很倒楣才會和你在一起」之類的話，烙印在內心的傷，比我們想像得還要難修復。**你說的話之所以能夠重重地傷害孩子，是因為你在他的心裡擁有足夠的份量**。別讓這一份愛變成了沉重的傷害。

想想看，在你的成長過程當中，誰是可以讓你放心依賴的人呢？現在的你也是某人可以安心依賴的對象嗎？

陪伴孩子探索自己的能力

核心價值感也來自於知道自己會做什麼、感覺自己可以完成某些任務的主觀感

受。當對方願意信任我們、賦予我們某些任務的時候，我們會感到自己是很有能力的；當我們的努力被看見、被肯定或感謝的時候，也會發自內心感覺到自己很棒。這也是為什麼許多小朋友在剛入學被推舉為班上幹部時，會感覺到榮耀與成就感。有時候就只是被老師誇獎字寫得很工整或打掃工作做得很好，也會為此開心好幾天。

那麼，為什麼孩子年紀小的時候喜歡當幹部、喜歡幫忙，但長大的過程卻越來越缺乏這種熱情與動力呢？有一個關鍵的原因是：**隨著年紀的增長，大人給予孩子的負面回饋遠比正向回饋還要多**。大人常常以「長大以後表現好是理所當然」為理由，收回對孩子的鼓勵，並且給予更多批評或建議。其實無論是誰面對這種情況，都會逐漸失去行動的熱誠。

一、讓孩子有表現的機會：

請讓孩子有表現的機會。好比說：選擇自己願意做的家事、在安全的範圍內體驗一些獨立的行動、參與規劃家庭旅遊其中一部分的行程，就算是買房子或買車子這種大事，也可以邀請孩子一起討論，提供意見。人是在行動中體驗到自己的能力，覺得自己是有用的。另一方面，當你允許孩子一起參與討論、鼓勵他嘗試一些行動時，孩子也會感覺到自己被你尊重與認可。

二、「助人」是長出自信的捷徑：

培養核心價值感有效又快速的捷徑，就是幫助別人（也稱之為利他）。心理學有許多關於「利他」的研究。在幫助別人的過程中，我們會感覺到自己是有能力的，同時感到快樂、有希望，甚至因此緩解憂鬱的情緒。佛教裡的慈悲心就是這個概念，「慈」是希望別人過得幸福快樂，「悲」則是希望他人能夠遠離痛苦。當我們基於慈悲心來幫助別人時，看見別人因為受我們幫助而過得更好、減輕痛苦，我們也會因此擁有正向情緒。倘若這時候還獲得對方的道謝，那種愉悅的正向感受，將會是培養自信、滋養心靈最棒的禮物。

三、善用具體的鼓勵：

雖然我們難免覺得「孩子表現得好是理所當然的」，但如果你願意在孩子有正向表現時，適時提供給孩子的鼓勵，這種回應不僅能夠培養價值感，效果也毫不遜於給他玩具或手機。有效的鼓勵不是那種敷衍或抽象的「你好棒」、「你很厲害」、「你很優秀」，而是具體指出孩子正向的行為，偶爾可以再加一句「你是怎麼辦到的？」」，這樣就夠了。

指出孩子的正向行為，會讓孩子感覺到自己被關注，也能幫助孩子知道哪些行為是被你認可的，並且掌握行動的方向。相對地，抽象的讚美不僅無助於孩子學習，有些青少年也會覺得這種讚美很讓人尷尬。

有效的鼓勵句型：指出具體的正向行為＋你怎麼辦到的？

好比說：

- 我發現你這陣子吃飽飯後會主動去洗碗呢。
- 我發現你開始能夠試著說出自己的想法。
- 我發現你在走進別人房間之前，會先徵得別人的同意。
- 這件事情這麼困難，你卻堅持完成，你是怎麼辦到的呢？
- 我發現你生氣時會先深呼吸，再好好說話。你是怎麼辦到的？

寫到這裡，我也想要對你說：「生活這麼忙碌，教養這麼不容易，你還願意花時間細細閱讀這一本書，你是怎麼辦到的呢？」

讓孩子有機會做選擇

有一句傳統俚語「囝仔郎有耳無嘴」，意思是孩子只要聽話、服從就好，不要表達自己的意見。在這種氛圍下長大的孩子，因為不被允許探索和表達，往往也不太清楚自己想要／需要什麼。

許多針對企業員工表現的研究指出，當老闆與主管的掌控性偏高，員工缺乏參與討論、表達管道和做選擇的機會，整體士氣、工作績效、創意都會下滑。所以現今有許多高科技產業都致力於把工作環境設計得更開放、自由，為的就是提升員工的參與感，而參與感也會進而提升員工的價值感。

一個人在選擇的過程，就是在練習辨識自己想要／不想要、喜歡／討厭、需要／不需要的心理歷程。透過做選擇，會越了解自己，也越能做出適合自己、尊重自己的選擇。

你可以這樣培養孩子做一些練習：

一、簡單、安全的情境，就是練習的最佳機會：

- 到餐館吃飯時，讓孩子點自己想吃的菜。
- 去大賣場買東西時，讓孩子挑一個他喜歡的東西。
- 列出三種家事，允許孩子從中選取他願意做的。
- 在決定旅遊行程時，也讓孩子有選擇景點的權利。

二、做選擇之前，引導孩子澄清困惑：

大多數的孩子都希望能夠選擇想吃的、想買的、想玩的，但不代表他們都清楚明白眼前的選項。有一年我去美濃的龍肚國中演講前，到當地街上的板條店用餐，無意間在牆壁的菜單目錄看到稱為「炒山河」的菜餚，內心充滿好奇，但因為已經吃飽了就沒有點。後來結帳時問了老闆，才知道這一道菜是什麼。（你知道是什麼嗎？）

所以你也可以主動鼓勵孩子提問：

- 如果你害怕吃辣，可以問老闆哪一道菜是不會辣的。
- 如果你不確定裡面是什麼，可以和爸爸媽媽討論。
- 如果你想選這個，卻不知道該怎麼做，可以找我們討論。

透過收集資訊、澄清困惑，才能妥善選擇。選擇了之後，也才比較願意為自己負責。這也是做選擇很重要的一個環節。

三、提供「有限的範圍」：

常看到家長問孩子晚餐想吃什麼？孩子回答泡麵、鹹酥雞、披薩……結果一一被拒絕，後來孩子就懶得選擇了。大人誤解為孩子不願意做選擇，事實上是因為孩子覺得反正講了也不會被採用。當我們鼓勵孩子做選擇的時候，往往需要限制選擇的範圍，幫助孩子清楚知道可以在哪些範圍裡選擇。好比說：

- 你可以選擇一道一百五十元以內的料理。
- 日月潭、九份、墾丁，你可以從中選一個暑假想去的地方。
- 掃地、拖地、擦桌子，選一個你這個星期日要做的家事。

設定選項的時候請記得：你不允許的、超出能力的選項，就不要放進選單裡。好比說你不允許孩子經常吃泡麵，就不要把泡麵放進選項，或者說「想吃什麼都可以」，避免在溝通當中引發不必要的麻煩。

第10章

體罰的殺傷力

「最漫長的一段路，就是挨打的時候自己去拿鞭子。」有時候如果找不到鞭子，我還得自己去找一根來。太細的樹枝不行，那就要用二、三根編在一起，這樣才夠力……被打完之後，我連站著都很勉強，外婆會叫我不准擺臭臉，命令我要笑，好像這件事情從來沒有發生過。……千百萬人與我有著相仿的童年經驗，他們長大以後相信自己的人生毫無價值。[4]

我在從事心理治療的工作中遇到許多被體罰的孩子，以及因為體罰而被強制要求來與我談話的大人。我把體罰歸納成兩種：

4 這一段文字引自《你發生過什麼事》（*What Happened to You?: Conversations on Trauma, Resilience, and Healing*）。

- 該做而未做：不給孩子飯吃、不讓孩子進家門、刻意冷落孩子……等各種疏忽照顧的行為。
- 不該做而做：嘲諷、羞辱、掌摑、毆打……等各種對身心有害的對待方式。

「我愛他，所以打他」有什麼不對？

許多大人雖然知道體罰對孩子「可能」造成一些負面影響，但比起放任孩子不管、讓他變壞，總覺得這些負面影響沒什麼大不了的。況且體罰是為了「教導」孩子，勉強也算是一種教育方式。但，真的是這樣嗎？

接下來這幾個提問，邀請各位想想看：

- 如果體罰是為了教育孩子，那我們是否允許孩子長大以後在教我們一些事情而我們聽不懂時，也可以體罰我們？
- 比起不懂事的幼兒，明明懂事卻還犯錯的成人是否更需要嚴厲處罰？當父母年老之後，提醒多次的事情卻一再忘記、便溺在褲子裡，我們是否也拿皮帶或衣架鞭打，或叫他們去門口罰站？你能接受伴侶因為你經常把襪子隨手扔在客廳、吃完飯後不洗碗，當場動手教訓你嗎？

● 假如體罰是一種關愛，是希望孩子變得更好，當我們年老之後，是否也可以接受孩子在大庭廣眾之下甩我們巴掌，命令我們罰跪？你能衷心感謝子女用這種方式來愛你嗎？

● 假如體罰是一種教育方式，我們是否也允許任何一個看不慣孩子行為的人都能動手打他？（畢竟大家都是為了你的孩子好。）

● 假如大人有權因為各種壓力來打孩子「抒發情緒」，我們是否也能接受孩子未來下班以後將我們踹倒在地、揍個幾拳，發洩他今天在公司被老闆找碴的怨氣？

倘若有任何一個選項你的答案是「否」，那你就需要謹慎思考體罰的合理性。不過我猜，你的心裡多多少少還是有些困惑：以前我也是這樣被大人打的，如今我已經長大成人，體罰真的有什麼負面影響嗎？

接下來讓我來幫各位整理一下，體罰對孩子造成的傷害。

體罰的負面效應

一、無法學會適當的行為：

「停止錯誤的行為」與「學會適當的行為」是截然不同的兩件事。

體罰的效果是透過「恐懼」來抑制孩子某些問題行為，但孩子不會因為被體罰而學會較適當的行為。好比說他看見一個喜歡的東西，只是因為害怕被處罰而不去偷，但是並沒有學會獲取這個東西的適當方式；面對憤怒的情緒，他只是因為害怕被處罰而不打人，卻不知道該如何適當地處理內在的怒火。

換句話說，他純粹是因為恐懼才「忍住」不去做某件事，而不是真的理解「做這件事有什麼不對」，也不知道「哪些才是適當的行為」。一旦令他感到恐懼的人不在身邊時，就有可能重新再去做這些你不期待他做的事情，甚至有可能發展出以大家注意不到的方式去做他想做的事。

這種現象在許多升上高中或大學後獨自在外地租屋的青少年身上經常看到。以前在家裡因為害怕被罵、被處罰，勉強能夠收斂懶散或消極的行為，一旦到外地獨自生活，缺乏父母的管教，過往的懶散或拖延就會浮上檯面。之所以如此，是因為我們透過打罵讓孩子知道不可以懶散和拖延，卻沒有學會主動和自律的生活態度。

所以從學習的觀點來看，體罰的效果其實非常有限。

二、破壞親子之間的關係：

遭受體罰的孩子害怕的不僅僅是你手上的棍子，也包括握著這一根棍子的你。在成長的過程當中，孩子理智上或許會認為當時大人打他是為他好，但他的身體與大腦卻會將大人貼上危險的標籤，記住與大人互動時會給他帶來危險，同時緊緊連結著恐懼和緊張的感受。

我處理過幾位小時候經常被體罰的個案，即使已經長大成人，靠近父母時依舊不自主地肌肉緊繃、呼吸急促，甚至不太敢直視父母的眼睛。從關係的層次來看，體罰破壞了我們與孩子之間親密的連結，我相信這絕對不是父母期待的結果。

三、無法學會情緒調節力：

孩子在表達負面情緒時，使用的方式可能不是很討喜，包括尖叫大哭、執拗、跺地板、打人……等等，如果我們用處罰的方式禁止他表達情緒，即使孩子當下停止讓人嫌惡的行為，那也只是基於對你的恐懼。實際上，這個孩子沒有學會如何覺察內在的情緒和調節情緒，也沒有學習到最重要的——如何表達情緒。在成長的過程中，你會發現這個孩子每次一不順心，都會採取類似的表達方式。這時我們會很困惑，明明都有提醒孩子不要鬧脾氣，為什麼他就是聽不懂？**其實並不是他聽不懂，而是因為他從來沒有學會用適當的方法來安頓情緒**。

所以面對孩子的負面情緒，光是喝斥他「不准哭」、「你再哭我就打你」，完全無法達到情緒調節的效果。那就像是面對一條暴漲的河流時，我們用障礙物把河道擋起來，過不了多久河流就會氾濫失控，波及到其他地方。

四、體罰造成羞恥感：

最後，我們從羞恥感的角度來理解體罰的殺傷力。

「我要如何一邊害怕一個人，卻又不能討厭他，甚至還要同時愛他？」這是遭受體罰的孩子內在常有的衝突。孩子不會懷疑父母體罰他們的正當性，既然不知道要討厭誰，那就討厭自己吧。當一個人被毆打或是羞辱時，他的界線也正在被破壞，他會認為「一定是我不好，我很爛，所以別人才會這樣對待我」。

整體而言，體罰會對一個孩子造成持久且複雜的負面效應：

- 相信是自己不好才會被體罰或羞辱。錯的是自己，而不是對方。
- 如果他愛我，他就可以理所當然地傷害我。為了確保被愛，我不能反抗，或是離開。
- 未來我當然也可以同樣的方式來對待我愛的人，包括孩子與伴侶。

打在身體的傷或許會復原，但烙印在心裡的傷卻難以痊癒。

我相信，絕大多數的照顧者對孩子施以體罰的時候，並沒有想要傷害孩子的意圖，但是幾乎所有形式的體罰都會將羞恥感牢牢地烙印在孩子內心深處。我們可以將羞恥感作為核心價值感的反義詞，羞恥感不一定能讓孩子願意（或懂得）反省，卻會讓孩子感到丟臉，覺得自己是一個糟糕的人。遺憾的是，這種感覺一旦形成，一生幾乎難以抹滅。

要留意的是，並不是只有造成身體傷害的對待才會引發羞恥感，羞恥感的來源也包含許多生活中常見的互動。

有一次去百貨公司吃飯，排在我後面的是幾位大人與一位學齡前的幼童。排隊的時候，聽見幼童對大人央求：「我想要抱抱。」幾個大人顧著滑手機，推來推去，沒有人答應。後來他們開始對孩子說：「其他小朋友都不會討抱抱，就只有你很愛吵……這麼大了還要抱抱，羞羞臉欸！」語氣帶著責備與嘲諷。

我很納悶的是，一個孩子表達出真實的需求，為什麼會丟臉呢？孩子的需求為什麼要與別人做比較呢？

孩子有需求，父母當然也可以有自己的限制。你不一定時時刻刻都要滿足孩子的需求，但大人為何不能清楚地告訴孩子「我現在手很痠」、「我現在不想抱抱，如果你想抱抱的話，晚一點我可以抱你」；是「我不想」或「我無法」，而不是「你想抱抱是錯的」或「你很丟臉」。大人無法接受自己有所限制，無法承認此刻不想抱孩子，就把這種情緒歸咎到孩子身上，變成是孩子不好，才會提出無理要求。

類似這種互動經驗，都可能讓孩子對這些評價信以為真，誤以為自己或者是想被抱抱的需求很丟臉，也很羞恥。

體罰的背後，其實是說不出口的挫折

當父母說：「孩子不用打的，就無法管教！」其實內心真正想表達的是：「到目前為止，我找不到更有效的管教方式。」

當父母說：「笑死人了！如果不用打的，那你告訴我還可以怎麼教？」其實內心真正想表達的是：「我很挫折，有人可以理解我、幫幫我嗎？」

當父母說：「我也是從小被打到大，還不是活得好好的？」其實內心真正想表達的是：「我熟悉的就只有這一套，到底哪裡不對呢？」

這些聲音都指向共同的情緒——挫折。

多年前，我在一場親職講座提及體罰時，有一位很認真聆聽的爸爸舉手說：「老師，可是我從小就經常被我父親打。說實在話，我挺感謝我父親當時願意打我，不然我現在應該就撿角（台語：沒用）了。我覺得教育孩子就是要用打的，不然孩子不會聽話。」現場的家長露出有些尷尬卻又有些被同理的表情。

我緩緩地環顧現場所有人的臉，深呼吸一口氣，邀請這位父親開啟一段對話。

「爸爸，你經常被打的那一段時間，大概是幾歲的時候？你多高呢？」

「那是很久以前的事情了，大概八、九歲吧，那時候我很矮。」父親比了比自己腰部的高度。

「聽起來，你很感謝父親不管多麼忙碌，都還願意花心思管教你、關注你，是嗎？」我說：「那時候的你是怎麼了？怎麼經常惹父親生氣呢？」

「就是不乖啊，不寫作業、不做家事，也曾經偷拿別人的東西。」

「這個孩子發生了什麼事？他是一個頑劣的孩子嗎？」

「也沒有啦。那時候就很無聊啊，父母親都忙著工作，家裡就只有我一個孩子。小時候就是調皮、不懂事，才會搞東搞西！」

「聽起來，小時候的你有一段時間都是獨處的，因為父母親都在工作。」

「對啊，我爸媽忙著做生意，所以我放學後就只能自己找事做。盡量不要去打擾到父母。」

「所以這個孩子經常是孤單的，他盡可能找事情做，陪伴自己，不讓自己無聊，對嗎？」

這位父親點點頭。

「我聽見，小時候的你不僅獨立，也有一份貼心。」

「貼心？怎麼說呢？」他露出困惑的表情。

「因為，你不只會陪伴自己，還盡可能不要吵到父母工作。」我說：「可是不知道為什麼，有時候你明明已經努力了，父母親卻還是會生氣、處罰你……。」

這父親愣了一下。我接著問：「那時候有人會在你寂寞的時候陪你玩，或是教你比較適當的行為嗎？」

他搖搖頭。

「你的爸爸都怎麼打你呢？」我問。

「用皮帶、塑膠水管、衣架、拖鞋、巴掌……」父親一個個唸出來，每唸一個，現場的氣氛好像又更沉默了些。

「一個從小忍受著孤獨、知道要陪伴自己、不可以吵父母的小男孩，真的需要被這些東西鞭打，才能更懂事嗎？」我放輕音量問：「還是他需要的只是一個可以陪伴他玩的人、一個能夠好好教他的人，就夠了呢？」

父親沒有再說話。

「爸爸，如果有機會遇到小時候那個身高大概到腰部的自己，你也會選擇拿皮帶打他嗎？還是你會願意牽著他的手坐下來，為他的傷口抹一些藥膏，然後陪他聊聊天，教會他一些事呢？」

我們的對話暫時到這裡。

不管這位父親後來是否調整了教養孩子的概念，我只希望在那當下，有一個長年以來受了傷的孩子有機會被了解、呵護。我希望讓他知道，其實自己不需要被這些東西鞭打，也可以是一個很貼心也很棒的孩子。

這段對話的目的，不在於否定父母對孩子的愛，或者否定父母親的用心。小孩子從未懷疑父母親管教的用心，卻鮮少有機會了解到：**他真正需要的，其實遠遠大過於體罰**。

別讓體罰持續在代代之間傳遞

沒有一個人理所當然要被打，無論是年幼無知的孩子、你的親密伴侶，還是年老失智或功能退化的長輩。

打，很多時候只是一個人宣洩內在挫折的方式。我們找到許許多多理由來說明對方欠打，或是證明自己打人的合理性或必要性，但說穿了，是因為內在有太多的挫折與無力必須找到出口釋放。無論如何，打人是沒有合理性的，當然也沒有誰可以因為各種理由打你。

打，無法傳遞關愛，只會製造恐懼。

打，無法提升動力，只會造成凍結反應。

打，無法幫對方學會面對，而是更用力逃避。

打，無法讓他與你親近，而是讓距離更疏遠。

打，不一定會讓孩子恨你，卻會讓他痛恨自己。

我相信，教養的過程有很多挑戰與挫折，這真的是一件很不容易的事情。情緒上來了，也讓你很不舒服。但是當你發現自己掄起拳頭、抽出腰際的皮帶、拿著衣架或塑膠水管時，試著深呼吸幾口氣或暫時離開一下現場。或許你會發現，剛剛的你快失控了；或許你也會發現，你正在重複小時候被大人錯誤對待的事情，而那並不是你的本意。

假使你因此暫停了體罰的動作，那當下雖然不一定讓孩子更聽你的話，但我要恭喜你，你已經成功地扭轉了過去宣洩負面情緒的方式。你也成功地告訴過去那些揍你的大人：「我不是只能跟你們一樣。我對孩子的愛，有更適當的表達方式。」

體罰的代價，是摧毀孩子的核心價值感。

從此刻開始練習

STOP情緒緩和法

教養的過程遭遇大大小小的挫折在所難免，累積太多挫折感會讓你想揍人也是很有可能的，但關鍵就在這裡：**你能覺察到挫折感浮現，留意到自己想要攻擊孩子（無論是語言或行為）的衝動，並且能夠提醒自己暫停動作，如此一來就有機會避免一場因為情緒化而造成的衝突。**

衝動與理智在大腦裡面基本上仰賴不同部位負責，兩者的關係猶如翹翹板，當一方啟動時，另一方的功能就會被抑制。就如同你期待一個餓到發昏、血糖嚴重偏低的人認真思考生命的意義，就是一件強人所難的事。同樣的，要一個理智線斷裂的人謹言慎行也是很難的任務，畢竟他的大腦正忙著解決眼前的危機，沒有餘裕一步一步謹慎思考。

好消息是，大腦具有驚人的可塑性，許多原本你覺得很陌生的行動，只要常常練習，就能夠幫助你在一片陌生的草原中，逐漸走出一條具體清楚的路徑，未來當你在穿越這片草原時就能更省力，方向也更明確。

俗話說：**「養兵千日，用在一時。」調節情緒的策略也必須仰賴我們在日常生活**

中多加練習，幫助大腦一點一滴慢慢習慣新的行動，未來當情緒突然被引發的當下，才有機會將平時的練習派上用場，擺脫過往情緒化的慣性反應，採取更適合當下的行動。這也意味著，以前的你被情緒所掌控，現在的你則有機會成為情緒的主人。而這一種調節情緒的能力，可以藉由練習「STOP情緒緩和法」來培養。

一步一步，緩和衝動的情緒

STOP情緒緩和法包含四個步驟，依序是：暫停動作、留意呼吸、觀察自我、重新行動。讓我們看看如何運用這四個步驟來幫助自己與孩子緩和衝動情緒。

S（Stop），暫停動作：

當你發現有一股強烈的負面情緒浮現（可能會感覺到煩悶、憤怒、不耐煩），你只需要提醒自己一件最重要的事：停！就是現在，什麼都不要做。

「什麼都不做」就是你當下唯一要做的事情。不需要思考「做什麼比較好」或「如何才能解決問題」，這些都不是大腦在衝動當下能勝任的事。為了安撫大腦裡掌管衝動的部位，提醒自己「停，不要動作」是相對單純的指令。

- 如果手上有東西：輕輕放下手中的東西，不要丟，也不要扔。
- 如果想打人：將你的雙手放進口袋，或者只是讓兩條手臂不用力地自然放鬆。
- 如果想罵人：可以輕輕地抿一抿嘴唇，但不急著說話。
- 如果在開車：專心握著方向盤，維持車輛的速度，或者找個安全的地方暫時停下來，但不做其他會造成危險的動作。
- 如果在協商中：請孩子或伴侶給你一些時間思考，不要倉促回覆重要的問題。

停下來，就是你唯一要做的事；不讓事情變得更糟，就是當下最重要的第一步。雖然你可能有點開心地想說：「哇！原來緩和衝動的第一步這麼簡單！」但內心又不免抗議：「欸！可是你要我在衝動的時候停下來，這樣很刻意也很不舒服耶。」

你說得對，要一個衝動的人當下停止慣性的動作，就好像是要疾駛中的火車突然剎車一樣，很費力，也很不舒服。所以接下來我們不是急著解決問題，而是先照顧自己的身心狀態。

T（Take a breath），留意呼吸：

呼吸是我們這輩子最忠實的老朋友，任何時刻我們都不會忘記把它帶在身邊（就如同此刻的你還有呼吸，對吧？）。可是很多人都忽略了一件事：呼吸其實是幫助我們調節自律神經系統很重要的一個工具。規律而緩和的呼吸能夠幫助我們減緩心跳的速度、放鬆緊繃的肌肉。

由於你已經處在失控的邊緣了，這時候就不要花力氣去思考「如何呼吸」才是正確的，只需要把注意力放在鼻孔前緣。

留意一下有一些空氣正在這個地方進出，當這一口氣進來的時候，你知道自己正在吸氣；當這一口氣出去的時候，你也知道自己正在吐氣。這樣就好了。不要去控制呼吸，因為當你開始專注地觀察呼吸時會發現：吸氣會自動地到來，而呼氣也會自然地發生。我們不用去控制呼吸，而是由呼吸來引導我們。

很有耐心地繼續練習幾次，你會發現呼吸變得比較平緩且規律，身體也放鬆了許多。這一切只需要你有意識地把注意力放回自己身上，並且做幾次深呼吸。

當我們自己平穩下來之後，也可以引導正處在情緒化當中的孩子深呼吸。例如我經常會這樣溫和地引導孩子：「○○，看著老師。沒關係，不用急著說話。深深地吸氣，慢慢地吐氣，對，你做得很好，我們再試幾次……」

假如你能夠在情緒化時有意識地提醒自己停下動作，並且透過深呼吸讓身心放鬆一些，恭喜你，你很有可能已經成功避免掉一場不必要的衝突，這真的是一件很不容易的事情！

不過，如果你覺得還想再往前跨一步的話，歡迎繼續往下閱讀。

O（Observe yourself），觀察自我：

同一句話聽在不同人耳裡，會產生截然不同的解讀。我們的情緒不只是因為聽見什麼、遇到什麼，也來自於我們如何解讀這些訊息的觀點。這種情緒的來源不是外在，而是我們的內在。情緒是一種重要的信號，提醒我們有某些需求沒有被滿足、某些渴望被忽略，或者有一些聲音沒有被聽見。

把焦點放在外界，只能等待他人改變；把焦點放在自己身上，你可以聽見內在的聲音，如此才能掌握你想表達的內容、也才能安頓久久難以消散的負面情緒。

想要學習聽見內在的聲音，你可以練習回答這三個句子：

一、因為＿＿＿＿＿＿（事情、人物），所以我覺得＿＿＿＿＿＿。

二、在這件事情裡，我最希望被理解的部分是＿＿＿＿＿＿。

三、如果可以，我渴望別人幫助我的是＿＿＿＿＿＿。

一個先生長時間張羅自己與太太的早餐，全年無休。某次他一早要到遠方出差，來不及準備早餐，準備出門的同時看見還在深睡中的太太，開始覺得有些不舒服的情緒浮現。等到他即將出門時，太太終於起床，並且伸懶腰說：「你要出門了喔？今天不用幫我準備早餐喔，你準備自己吃的就好。」先生聽了之後生氣了，悶著不說話。

太太似乎發現了異樣，於是問：「你還好嗎？」

「我沒事。」先生冷冷地說。

「你還沒吃早餐就要出門了，不會餓嗎？」

「不會。」

「需不需要我趕快買點什麼？」

「不用了。」

先生出差回來之後，氣其實已經消得差不多了，但有一些疙瘩還存在兩人之間。於是有好幾天，夫妻就處在冷戰當中。

確認先生的情緒平靜許多之後，我透過對話，邀請他練習這三個問句：「發生了什麼事，讓你有這麼大的情緒呢？」

「那一天早上我要出門了，可是沒有人幫我準備早餐，太太還在睡覺，讓我覺得很失望。」

看見了嗎？在這個事件裡，「生氣」就是很典型的初級情緒，而「失望」才是更貼近內在的次級情緒。所以我們必須針對這個失望的情緒著手。

「你覺得很失望啊？你很希望對方可以理解你的是什麼呢？」

「我希望她可以看見我一直以來的用心，而不是視為理所當然。然後我也好希望自己有需要的時候，對方願意來照顧我。」

「所以你其實很希望她看見你的用心，並且也能這樣回應你，對嗎？」

先生點點頭。

「所以那一個失望不只是來自於空空的餐桌，也來自於你覺得自己的用心沒有得到回應，對嗎？」

「對欸，這樣說起來，我好像不是真的生氣，而是覺得很失望……」

「太太知道你很失望嗎？」

「我不確定，我沒有和她確認過。」

「如果可以，你渴望太太幫助你的是什麼呢？」

「我希望她可以主動問我早餐想吃什麼，她願意準備。其實我只是想要她問這句話。因為就算她問了，我也會要她繼續休息，我自己準備就好。這樣看來，我都不知道自己在氣什麼了。」先生講著，彷彿為自己連續幾天的生氣感到有點不好意思。

先生發現自己多日來的不舒服，只是因為渴望聽見對方主動問一句：「你早餐想吃什麼？」

「你的太太沒有問你，是她不願意，還是沒有想到呢？」我問。

「其實她絕大多數的時候很體貼，應該是沒有想到。因為每次我都說我準備就好了，所以她可能也以為我不需要幫忙吧。」先生回答。

在與兒童或青少年的諮商當中，我也常常會在孩子情緒較為穩定之後，這樣引導他表達：

一、剛剛發生了什麼事，讓你有這麼不舒服的感覺？

二、你拉了弟弟的衣服，是希望弟弟做什麼呢？

三、如果可以，你希望媽媽可以幫你什麼忙嗎？

P（Proceed），重新行動：

有時候我們會因為重複的失敗而感到挫折，卻忽略了那是因為我們一直採取相同（且無效）的策略，才會導致同樣的結果。冷靜下來並聽懂了內在的渴望之後，我們可以進一步這樣問問自己：

- 我的表達方式，能讓對方理解我嗎？
- 對方能夠理解的表達方式是什麼？
- 過去有效的行動或表達方式是什麼？
- 過去無效的行動或表達方式是什麼？

還是那一句話：**有效的請多多嘗試，無效的就盡量避免。重複無效的行為，是不可能達到有效的結果**。

當然你也可能在這個階段採取了罵人的行動，表面上看起來跟你一開始因為生氣而罵人是很像的，但本質上完全不同。以前是因為情緒化而罵人，通常會口不擇言，也無法傳遞你最想表達的想法。現在則是在考慮過後做出來的選擇，你比較能夠對事而不對人，並且不至於淪為發洩式的謾罵。

在處理孩子的問題行為或情緒表達的方式時，你也可以在孩子趨於情緒平穩之後，這樣引導他思考與回應：

- 你很生氣地打人，有讓別人知道你想要的是什麼嗎？
- 如果想要讓同學借你文具，你怎麼說他們才願意呢？
- 過去你用什麼方式跟別人借東西，有成功借到呢？
- 以前你用過什麼方式，別人不願意借你，而且也不太開心呢？

回到前一個例子，我問這位先生：「如果可以重來一次，你會怎麼做呢？」

「我會跟我太太說，明天我要很早出門，你方便幫我準備早餐嗎？對面早餐店的三明治就可以了。」他說：「其實我知道太太很願意幫助我的。」

太棒了！這麼一來，先生能夠清楚表達自己的想法，而不是帶著悶氣出門；而太太也能夠了解先生的需求，兩人不需要花力氣去面對那幾天的冷戰……而這一切只是因為一塊沒有說出口的三明治。

要從衝動的情緒冷靜下來，容易嗎？不容易。

藉由練習減少衝動、避免不必要的衝突，值得嗎？答案是肯定的。

第11章

自我覺察

你可能經常聽到「覺察」這個詞，卻未必知道是什麼意思。假如「覺察」這兩個字對你太抽象的話，我們可以從另一種簡單的角度了解這個概念。

我有一位學員是專業攝影師，她曾在我的課堂上分享，她用來幫助自己理解「覺察」的辭彙是「捕捉」：捕捉到腦袋有一些念頭浮現；捕捉到有一些情緒產生；捕捉到心跳變快……，就像是手裡握著一台相機，並且按下快門，差別在於相機捕捉的是外在的風景，而覺察捕捉的是內在的訊息。

她覺得覺察就是一種向內觀看的能力。我聽了之後大為驚豔。這個比喻實在太傳神也太貼切了！

接下來，我們一起來認識這種「向內觀看」的能力，並且了解覺察對於孩子發展與情緒調節的重要性。

覺察是改變的開端

從前，有一位國王在治理國家時遇到一些棘手的難題，與大臣們想破頭也找不到好方法。眼看情況越來越嚴重，一位忠心的大臣推薦他去深山請教一位年長的智者。束手無策的情況之下，他只好領著一隊人馬，浩浩蕩蕩前往深山尋求智者的開示。歷經了千辛萬苦，終於來到智者家門口。

映入眼簾的是一間老舊的矮房子，屋子裡簡陋至極。國王露出困惑的表情。智者邀請國王進屋，在老舊的小桌子邊坐下，並且為他斟茶。倒著倒著，茶水緩緩溢出杯子、流到桌面上，然後沿著桌邊往下滴，沾溼了國王的衣袍。

國王皺眉。「水已經滿出來了，你怎麼還不停手呢？」

智者說道：「杯子都裝滿水了，我還能倒進什麼呢？」

聰明的讀者應該都讀懂了這個故事要傳達的隱喻。國王其實是帶著歧視的態度去檢視一個「住在深山裡的糟老頭」，質疑他不可能吐出什麼有用的建議。倘若國王沒有覺察到自己的態度，即使智者真的給出很有建設性的回應，他也聽不進去、吸收不了，甚至回來之後還可能處罰提出這個建議的大臣，覺得自己白白跑一趟。

關於「覺察是改變的開端」，我再舉幾個生活中常見的例子：

- 站上體重計，看見數字遠遠超越內心期待的數值時，發現自己變胖了，才開始想要調整飲食。
- 拿到成績單，發現自己的分數與排名都退步許多，才開始覺得應該發憤圖強、努力讀書。
- 身邊的朋友逐漸遠去，發現原來自己待人處世的方式太傷人了，才開始決定要改變表達的方式。

如果沒有覺察，我們根本不會意識到要改變，而是繼續沿用習慣的方式，這麼一來問題當然會持續存在，甚至變得更嚴重。

我在與來談者對話時也經常留意到這種現象，有些人雖然嘴巴說著要討論問題，其實只是想向我證明他的所作所為都是對的；有些人雖然表示想要改善與對方的溝通，但實際上都是在抱怨對方；有些人想要解決問題，但心裡總覺得責任都是在別人身上。假如沒有覺察到內在存有「自己都是對的，錯的都是別人」的態度，改變是不可能會發生的。

固著的模式帶來持續的困擾

自我覺察絕對不是一件容易的事，對於大腦正在發育中的兒童或青少年而言更是如此。孩子時常沒有發現自己的某些行為舉止冒犯了別人，所以不覺得需要改變。

我遇過一位國二的青少年，他的課業成績很不錯，也樂於幫助別人，但不知道為什麼在班上人緣總是不太好，他為此感到很挫折。陪伴他討論之後才發現，原來他有一些口頭禪會讓別人覺得很尷尬，沒有台階下，所以大家雖然接受過他的幫忙，卻還是不太喜歡與他互動。他真的很希望有朋友，發現原因之後就很努力改掉這些口頭禪，結果不到一個學期，人際關係就改善了許多。

我也遇過一些出口成髒的孩子，經常讓師長覺得沒禮貌、被攻擊。我有幾次溫和而堅定地回應他們：「在我的理解裡，你說的『靠北』常常是用來嗆人的。是不是我做了什麼冒犯你，所以你才對我說這兩個字？」

結果孩子愣了一下說：「沒有啦，就是覺得你講的話很好笑、很白爛這樣。」我的回應是為了幫助孩子覺察，這個口頭禪放在同儕互動裡或許無傷大雅，但放在其他的人際互動上卻可能充滿冒犯的風險。

有些孩子對人際關係抱持著負向的解讀，時常將別人無心的言行舉止解讀為有敵意，這也讓他對於人際互動感到有壓力，很害怕面對分組活動，甚至抗拒上學。面對這種狀況，我們必須引導孩子找出他對於人際互動的信念，並且陪伴他聊一聊這些信念從何而來？是否有偏誤解讀的部分？要幫助孩子知道「想法就只是想法，想法不等於事實」。我們不需要去批評或嘲諷這些負向的信念，而是陪伴孩子辨識這些信念的真實性，避免因為這些信念而受苦。

我曾經遇過孩子非常不配合班級的運作，也拒絕與同學合作，因此遭到排擠。當導師邀請家長針對這件事情聊一聊時，家長回應：「那是你班上的事情，我幹嘛要花時間陪你談這個？」如果家長對於人際互動的態度如此，就不難理解孩子為何難以融入群體生活。我們在教養的過程中，免不了會將自身的某些信念傳遞給孩子，卻也可能對他帶來負面影響。身為大人的我們，必須特別留意這種現象。

事實上，許多困擾往往源自於某些固著卻未被覺察的模式，好比說一個對親密關係缺乏信任感的人，內心明明渴望被愛，卻又採取各種不適當的方式來測試對方；原本想要用來「確認」對方的愛的方式，實際上卻把對方推開。唯有覺察到自己的行為、行為背後的目的，以及行為帶來的反效果，人才有可能產生改變的念頭。

這個問題是「誰的問題」？

還有一種常見的情況。雖然孩子的行為造成別人的困擾，但總是會有人幫他善後（而且都比他自己處理得還好），久而久之他也會覺得「那是你的問題，別來煩我」、「你去處理就好了，我沒有必要改變」。好比說孩子上學時常忘記帶餐盒，但父母總是可以及時幫他送達，孩子就不會把「記得帶餐盒」這件事認真放在心上；孩子在學校惹麻煩，父母總是能夠動用各種資源為他擺平，孩子就永遠學不會（也不想學）換位思考和謹言慎行。

為人父母當然會擔心孩子餓肚子、惹麻煩，雖然一邊責罵，卻每一次都幫他善後，這種行為無法讓孩子真心認為自己該為問題負起責任。所以在教養上就時常發生「無論大人怎麼罵，孩子就是不改變」的現象，其實父母親在這件事情上也得負起一部分的責任。

閱讀至此，你可能已經浮現一個念頭：那就讓他餓肚子吧，餓過幾次肚子他就會知道難熬，就會記得帶餐盒了。這是正向教養裡頭經常提到的重要概念——自然後果。也就是大人不做任何干涉的話，孩子自然會經歷的事情。好比說，不吃飯就會餓肚子、淋了雨身上的衣物就會溼掉、冬天不穿外套會覺得冷。有時候讓孩子經歷自然後果，對於行為改變是有幫助的。

但是問題來了，大人經常誤用自然後果的概念，結果孩子不僅沒有改變行為，而且與你之間的衝突還變得更嚴重。

最常見的誤用就是，大人刻意**加重結果的嚴重性**，好比說面對挑食的孩子就故意好幾餐飯不讓他吃，用嚴重的飢餓來處罰他；或者**施加額外的處罰**，當孩子挑食的時候，除了自然就會感覺到餓之外，我們又再加上語言羞辱或體罰，這與原本挑食的行為並沒有什麼關聯性。

自然後果的精神是：**透過經歷後果所引發的覺察，讓孩子發自內心產生對自己的行為負責，或者嘗試改變行為的動力**。

大人知道孩子的行為會遭遇哪些不愉快的結果，評估這種後果不會造成孩子嚴重的身心傷害，然後嘗試讓孩子有機會經歷這些結果。

我們可以在事前予以提醒，而當孩子經歷自然後果感到不舒服時，避免冷嘲熱諷，而是試著同理他的感受：「一整天都沒吃飯，應該會很餓吧。」並且引導孩子練習思考：怎麼做可以避免餓肚子呢？怎麼樣可以幫助自己記得帶餐盒？

除此之外，大人額外加入的懲罰就像落井下石，往往會讓孩子心生恐懼、怨恨，甚至出現反抗或報復的行為，反而造成反效果。

說真的，看到孩子挨餓受凍卻又不即時伸出援手，對於身為父母的你真的挺困難的。但有時候這是陪伴孩子找回責任感的重要歷程，並且可以提醒自己：採取自然後果的教育策略時，我們是扮演守護者的角色。目的是讓孩子體驗某些行為帶來的後果，單純只是如此而已。

自我覺察的重要性

整體而言，一個擁有較高自我覺察力的孩子，比較能夠學會這些事情：

- 留意到自己正在做什麼。
- 留意到自己正處在何種情緒狀態。
- 清楚自己做某些事情的目的。
- 知道自己的行為對自己與他人帶來哪些影響。

要引導孩子學習自我覺察並不是一件容易的事情，就連多數的大人也可能疏於自我覺察。相較之下，說道理、責罵或處罰可能容易許多。但培養孩子長出自我覺察的能力，無疑是父母能夠帶給孩子最珍貴的生命禮物。一旦孩子學會「向內看」的能力，就能夠持續了解自己、靠近自己，更重要的是，**當一個人清楚知道自己正在做什麼的時候，這一份對於當下的覺察與留意，就比較不容易讓人做出失控的行為。**

在這裡與各位讀者分享一則故事：

一位老和尚帶著小和尚渡河，在河流湍急的岸邊有一位受傷的女子哀求和尚背她渡河。看著女子有些不整的衣著，小和尚趕緊拒絕；最後則由老和尚協助女子渡河。順利抵達對岸後，女子道謝後離去。

後續接連幾天，老和尚發現小和尚心神不寧、若有所思，於是開口關切。小和尚困惑地說：「師父，您不是教我們不可近女色嗎？為何您還背那位女眾渡河呢？」

師父聽了笑著回答：「我已經將她放下了，原來你還把她背在背上呀？」

從這個故事裡，我們可以歸納出自我覺察的兩個重要功能：

一、清楚自己的心念：

面對同樣的情境，老和尚關注的是「有一個人需要被協助」，小和尚關注的則是「性別與禁忌」，不同的關注點引發不同的行為反應。**我們越是清楚來自內心的聲音與信念，就越能夠帶著清楚的意識去行動、做選擇**。

在教養與教育上，除了告訴孩子行為的對錯之外，也要引導他覺察內在的意圖，幫助孩子從內在發展出更高層次的「我」，做為在生活中對自己行為的內在指引。

二、專注地活在當下：

過河之後，老和尚就把女子放下了，他將注意力安放在當下，專心投入此刻該做的事情。反觀小和尚的注意力則卡在過去，因而顯得煩悶、心不在焉。大人也好、孩子也好，我們時常拿過去的負向經驗反覆懲罰現在的自己，同時也讓自己不敢邁開腳步踏向未來。覺察幫助我們意識到「過去的已經過去了，未來的也還沒到來」，我們可以反思過去、規劃未來，但最重要的是回到此刻，用心投入眼前能夠做的事情，這才是最重要的。

無論是上課鐘聲響後把心思從操場拉回教室的孩子，或者是下班之後把心帶回家庭的大人，其實都是一樣的。一個能夠常常自我覺察的人，才能夠專心地活在當下。

覺察不等於改變，但缺乏覺察往往就不會有改變。

從此刻開始練習

培養孩子的覺察力

在工作坊裡，學員小凡問：「一個人有沒有可能在學習自我覺察之後，有時候又選擇不做自我覺察呢？」

「你說的『一個人』是指誰呢？」我與他核對。

「其實就是我自己啦……」小凡有些不好意思地回答。

「什麼時候你會浮現不想要自我覺察的念頭呢？」我好奇。

「嗯，通常是當我與父親發生衝突之後。」

「與父親發生衝突的時候，你留意到內在發生什麼事嗎？」

「恨自己又與父親起爭論了，怎麼沒有把在課堂上獲得的成長妥善運用在與家人的互動上？這樣的我真的很糟糕。」

「你不太喜歡這樣的自己，是嗎？」我問。

小凡點點頭，表情有些凝重。後續有一段釐清小凡與父親長久以來互動的對話，在這裡不多加贅述。我把篇幅聚焦在小凡提出的問題上。

「所以自我覺察的時候，經常會讓你遇見那個不喜歡的自己，對嗎？」我問。

小凡點點頭。

「還沒有開始學習自我覺察之前，你會與父親起爭執、會氣自己嗎？」

「欸，其實也會啦。」小凡和周圍的學員都笑了出來。

「那以前你都怎麼處理這種不愉快呢？」

小凡說，以前都會假裝沒發生，或者獨自生悶氣，但有時候會因為情緒太大轉而對伴侶或孩子發脾氣，結果又引發更多衝突和不愉快。

「練習自我覺察一段時間以後，有什麼不一樣嗎？」我問。

「比較能夠留意到自己的狀態、正在做的事情。雖然當下還是滿不愉快的。」

「這對於你在處理情緒上，有什麼不同嗎？」

「我會比較清楚自己在生氣，但這一股氣很多時候是來自對自己的批評，其實跟孩子、伴侶並沒有相關。」小凡深呼吸一口氣：「有時候……其實也跟我父親沒有太大的相關。」

「哇，這是很不容易的發現呢。」我說。

「所以，後來我會選擇找個安靜的地方獨處一下，請家人給我一點時間冷靜，或者慎選與父親接觸的時機點和話題。」小凡說。

「講到這裡，你對自己有什麼發現嗎？」我問。

「結果我好像又開始自我覺察了？」小凡和學員們笑了出來。

「還有嗎？」我也忍不住笑出來。

「一旦開始覺察後，好像對事情會有更多看見，這是一種看事情的能力，其實很難停下來，」小凡接著說出一個很重要、很重要的結論：「但是行動上要不要改變，是我自己可以決定的。」

「所以關於這個問題，你為自己找到了一個重要的回答。你喜歡這個回應嗎？」我問。

小凡點點頭，露出了滿意的笑容。

我常常形容「自我覺察像是一條不歸路」，一旦你啟動了自我覺察的練習，這一趟覺察之旅通常只會持續深化，無法走回頭路。這就好像當你熟練了開車駕駛的技巧之後，很難再回到過去那種不知道該如何發動車輛、如何打方向燈或使用雨刷的新手困窘期。

引導式提問

在我與小凡的對話中，眼尖的讀者應該發現了，我的回應基本上都是簡短且精要的提問，而非直接告訴對方答案。原因有二：一**是提問可以讓對方感覺到我對他的好奇；二是藉由提問可以幫助對方啟動思考，找到更貼近自己的答案。**

未來當小凡遭遇困惑時，或許會想起我們的對話，採取這樣的方式自我提問，陪伴自己整理內心的想法。

提問的目的不是要求對方說出我們想要聽的「正確答案」，而是陪伴對方一步一步慢慢靠近自己的內心，探索他對某一件事情的想法，並且逐漸找到行動的策略，這才是「引導」的重要精神。所以當我們在提問的時候，需要特別留意，不是只問自己關心的事情，也不是憑直覺隨意亂問，甚至是帶著情緒性的質問。

一個人的回應當中，通常包含了：**想法**、**情緒**、**行動**、**需求**這幾個重要元素，我們必須緊緊貼著這些元素，才能夠有效地傾聽，並且引導對方思考，進而達到引導的效果。

接下來，我要分享培養孩子的覺察力時，我們可以使用的提問句型。

一、想法的覺察：關於這件事情，＿＿＿＿＿

- 你想到了什麼呢？
- 你覺得誰說的最有道理？誰的想法你不太認同？
- 如果你是當事人，你會想到什麼呢？
- 你同意的部分是什麼？不同意的部分是什麼？理由呢？
- 我們剛剛討論的內容，哪些你印象比較深刻？

二、情緒的覺察：指出情緒或身體反應＋事件

- 我發現你在摳手指頭，你有點緊張嗎？
- 你的拳頭一直握得很緊，你很生氣嗎？
- 你今天說話的速度很快，是不是有點急呢？
- 你不說話，是因為害怕，還是覺得委屈呢？
- 當你提到媽媽的時候，眼眶有點溼溼的，是不是有一點想念她？

三、行為的覺察：面對這件事情，＿＿＿＿

- 你還記得自己是怎麼回應對方的嗎？
- 你用過哪些方法呢？
- 那時候之所以這麼做的理由是什麼呢？
- 這些方法是怎麼想出來的呢？
- 你滿意自己的解決方法嗎？滿意的部分是什麼？還可以調整的部分是什麼？

四、行為後果的覺察：指出行為＋你有發現＿＿＿＿嗎？

- 你從弟弟的手上拿走了玩具之後，有發現弟弟哭了嗎？
- 當你躲著的時候，有發現大家因為找不到你而擔心嗎？

- 當你對爸爸說了氣憤的話之後，有發現爸爸很難過嗎？
- 當你調整讀書方式之後，有發現功課明顯進步了嗎？
- 升上國中之後，你有發現自己與人互動的方式沉穩許多嗎？

劃線的部分，適合放進對方的情緒／行為反應，也可以是孩子行動之後所引發的各種改變／結果。這麼做是為了提升孩子覺察自己的行動造成的影響，也讓孩子為自己的行為負責。

要留意的是，假如劃線部分放入的是正向字眼，孩子會感受到自己被欣賞、肯定；倘若放進負向的字眼或現象，通常孩子會感受到自己是被責備的，當然也可能降低回應的意願。所以在使用這個技巧時，要多加留意。

五、需求的覺察：

- 如果可以的話，你需要我為你做什麼呢？
- 剛剛你說的話裡面，最希望我聽懂的是哪個部分？
- 剛剛你說的話裡面，希望我回應的是哪個部分？
- 你希望我聽就好，還是需要我分享我的想法呢？
- 我如何幫你，會是你現在比較需要的呢？

提問是一種邀請

「我問了孩子，可是他不願意回答我呀！」如果你有遇過這種狀況，恭喜你，你家的孩子很健康，也很正常。人畢竟不是機器，不是你輸入了固定的指令，他就會做出相同的反應。依據不同的情境、他的身心狀態、你們的關係品質，孩子都會做出不同的回應。

假如孩子不回應你的提問，通常有這幾種原因：

- 你們的關係處在緊張、衝突或者疏離的狀態。
- 過往不太習慣用這種方式互動。
- 他還在處在負面情緒當中。
- 他預期講出來會被罵。
- 他不知道該如何表達內心的想法。

請記得：**提問必須是誠摯的邀請，而不是挾帶威脅的命令**。當我邀請孩子分享他的想法時，一定會提供他思考的時間，也允許他有拒絕回應的權利。

我相信人都渴望被聽見、被理解，倘若孩子拒絕回應，若不是基於某些擔心，不然就是他還處在負面情緒裡，而我們之間的關係還不足以讓他在此刻冒險向我坦露。因此我通常會鼓勵他：「沒關係，你可以再想一想。等你想要說的時候，我會很願意傾聽。」

你可能也會好奇：如果是重要或緊急的事情，難道也允許孩子不回答嗎？我想邀請你從另一個角度來理解這個問題：親子關係需要經營，表達能力也需要培養，我們不是遇到緊急時刻才使用引導式提問，而是在生活中隨時隨地藉由引導式提問幫助孩子培養思考與自我覺察的習慣。

建立良好的溝通管道、在關係中儲蓄「信任存款」，一旦面臨衝突或緊急狀況時，才有足夠的籌碼與孩子開啟有效的對話。

提升關係品質的回應

大人們閱讀許多親子教養書籍，做了許多努力，無非是想要找到有用的方式，幫助我們跟孩子或學生之間打造一段正向的關係。

無論你採取哪一種策略來建立關係，請你謹記最重要的原則：**呵護孩子的核心價值感**。

在此為各位複習一下核心價值感：一**個人覺得自己有沒有用、喜不喜歡自己、覺得自己有沒有價值的主觀感受**。

優渥且富庶的物質生活，雖然可以帶給孩子立即的滿足，但一段能夠滋養核心價值感的關係，才有辦法培養出真正有自信且發自內心喜歡自己的孩子。前者不是每一個家庭都有能力提供，但後者是每一位父母都能給予的珍貴資源。

我發現很多大人其實沒有惡意也很願意為孩子付出，但掛在嘴邊的口頭禪或不自覺的說話習慣，經常讓孩子或旁邊的人感覺很不舒服，不僅經常引發衝突，也會讓人想要與他保持距離。他可能會很委屈地想說：「明明很努力付出，為什麼大家不喜歡我？是因為我做得還不夠嗎？」其實不是他做得不夠多或不夠好，而是他說話的方式經常讓別人的價值感受傷。

在這一本書的尾聲，我要與你分享三個回應的原則，避免在對話時傷害了對方的核心價值感，也有助於你與孩子改善關係，拉近距離。

原則一：避免「負向暗示」的假提問

「負向暗示」是帶有否定、貶低的語言；「假提問」則是指表面上聽起來像是提問，實際上卻是另有所指，讓聽的人感覺到被攻擊。好比說：

- 你們那一區的房價是不是都很便宜？
- 你有發現自己的觀點太短淺了嗎？
- 你有發現你的朋友都很沒品味嗎？
- 你有發現你的身材最近走山了嗎？
- 現在的年輕人，腦子裡到底都是裝什麼？

不假思索就把這種話說出口的人還真不少，很多人甚至沒有意識到自己使用這種方式說話。我發現每當有人這樣說話時，現場的氣氛就會變得有些尷尬，認真傾聽和回應的人也會減少，如此一來對話當然也就中斷了。

倘若你這樣對青少年說話，他們很可能會直接回嗆「對啊，就你最厲害，話都給你講就好了啊」，或者翻白眼，直接把你當空氣。大人會覺得青少年很沒禮貌，但其實這樣說話的大人更是白目。

負向暗示的假提問會讓對方進退兩難。假如認同大人，就代表自己如他所說的那樣糟糕；假如你否定大人，又好像是在與對方辯駁（特別當對方是師長或主管時，又多了冒犯的風險）；假如你說不知道，似乎代表自己缺乏覺察。總之，這種句型絕對無法與對方開啟正向的對話，如果真的要說有什麼功能的話，大概就是「句點」對話，或者惹怒對方吧。

嗯，挺糟糕的功能。

原則二：避免「挾帶優越」的假提問

還有一種回應方式也讓人很不舒服，那就是「以自己之長，彰顯他人之短」，即使字面上沒有直接吹捧自己，但實際上只差沒有拿大聲公來為自己歌功頌德了。能夠欣賞與肯定自己是一件好事，但如果經常想要凸顯自己比對方優越，很容易帶給對方被比較及不愉快的感受。

這種假提問的套路是這樣的：先在自己擅長的議題上提出問題，再透過否定對方的回應，並「秀」出答案來凸顯自己比對方優秀。好比說：

- 你知道為什麼我都可以買到比你們優惠的機票嗎？
- 你知道為什麼我都不買一般人買的那種股票嗎？
- 你知道為什麼我一出手，大家都這麼敬佩我、感謝我嗎？
- 你知道我在你這個年紀，是如何成就一番事業的嗎？

有一次我參加朋友的聚會，就親眼目睹這種現象。餐敘中有一個人主動提及買房子的話題，他問大家：「你們覺得如何買房，才是最聰明的呢？」

一開始大家不疑有他，紛紛熱心分享自己的想法，結果聽完之後，他露出不可置信的表情，彈出食指左右擺動著說：「喔！不、不、不，你們這種投資報酬率太低了，這樣根本就稱不上是投資⋯⋯」重複幾次這樣的互動之後，大家逐漸不太想正面回應他的提問。

他對別人的想法或經驗其實不感興趣，而是想要展現比別人懂更多投資理財的知識。在場的人可能都看穿了他真正的意圖，只有他本人還沉醉在扮演專家的角色中。

提問的人並不是真的關心對方的回應，並且也讓聽的人缺乏回應的意願，結果不僅無法促成有意義的對話，也因為淪於炫耀和比較而讓對方不舒服、不喜歡你。我舉雙手（加上雙腳）向你保證，如果你下定決心想要被對方討厭的話，這種說話方式非常「有效」！

原則三：善用「摘要式回應」

大人都知道專心傾聽很重要，但有時候工作真的太累了，或者孩子嘰哩呱啦講了老半天，你實在不知道該回應什麼，這時「摘要」就是很好用的回應技巧。**光是專心傾聽，並且將你聽到的內容「簡短扼要」地重述一次，就能夠讓對方感覺到你很專心地陪伴他。**

情境一：

上週末我爸爸帶全家人去吃新開的吃到飽餐廳。我吃了炸蝦、牛排、好多種壽司、生魚片，還有好多種飲料，吃得超級飽也超開心的。

摘要：**上週末爸爸帶你們去吃大餐，你很開心。**

情境二：

今天一早才剛到辦公室，隔壁的同事又開始抱怨她的老公，我那一台爛到快不行的電腦瘋狂當機，偏偏老闆又在這時候交辦與我無關的工作，害我一整個早上的事情都不做完，煩死了！

摘要：**一大早在工作上遇到許多不順的事情，這讓你很煩心**。

像這樣，我們只是簡要地把我們聽到的內容反映給說話的人就可以了。當我們的回應有貼近對方想表達的意思時，對方通常會接：「對！而且……」如此一來，對話就會自然而然地延續下去。

另外，摘要式回應還可以幫助你與對方進行「核對」，好比說：

我有三個孩子，老大在功課上自動自發，老二是家事好幫手，老三和哥哥姊姊感情很好，彼此互相幫助，也因為這樣，我可以很專心處理我自己的工作……

摘要：**你的孩子都很懂事，這讓你感到很放心，對嗎？**

因此，在人際互動上，摘要式回應有三個很重要的功能：

- 重述：向對方傳遞出認真傾聽的態度。
- 聚焦：你無須費力另外找話題，對話自然能延續下去。
- 核對：確保我們有真正理解孩子想要表達的意思。

現在，換你來練習看看：

練習一：

孩子放學回家後說：「今天真的倒楣死了，明明不是我講話卻被老師誤會，被罵了一頓，然後同學的垃圾飛到我的打掃區域，結果變成我沒有掃乾淨；放學回家的路上又被同學的腳踏車輾過腳，我真的很想叫這些人去吃大便！」

摘要：＿＿＿＿＿＿＿＿

練習二：

好友對你說：「自從開始工作之後，父母時不時就告訴我家裡有哪些部分要我負責出錢，就連已經出社會的弟弟生活遇到困難，爸媽也期待我幫忙。我沒有覺得不能出錢，但如果都要我幫忙的話，真的讓我覺得負擔很大；不出錢的話，父母又會對我不諒解。做人真的好難啊……。」

摘要：

比較三種回應方式

在這一章結束之前，我把前面提到的三種回應方式擺在一起做對比，請你體驗看看感受上有什麼不同。

在一場與同事的聚會中，聊著聊著，你敞開心房傾訴：「我的孩子自從上了國中以後，已經好幾個月刻意不跟我說話了，整天就只是滑手機，房間亂得跟垃圾堆一樣，連上學也很不規律。我稍微管一下，他就爆炸，對我大吼大叫，家裡沒有一個人願意幫忙管教，搞得好像孩子是我一個人的責任。這樣就算了，公公婆婆還指責我管教孩子不夠用心。奇怪，他們怎麼都不怪自己的兒子整天只顧著工作？弄到後來我真的精疲力盡，也曾經有過放任孩子不管的念頭……」

- 負向暗示的假提問：孩子不是你生的嗎？你是不是不太懂得如何跟自己的孩子互動？是不是你的教養方式比較專制呢？
- 挾帶優越的假提問：喔？我從來都沒有過這種困擾，你知道我是怎麼辦到的嗎？你想知道我都是如何跟孩子當朋友的嗎？

● 摘要式回應：這陣子孩子讓你很挫折也很無力，甚至讓你想要放棄。我聽到你在教養上時常要孤軍奮戰，沒有人可以適時提供你援助。

如果你是這一位疲憊又挫折、好不容易才講出內心話的父母，哪些回應會讓你更無助、更受傷？而哪一種回應又會讓你感到被支持，並且願意繼續說下去呢？

答案應該很清楚，對吧？

情緒流動

11個內在對話練習，陪伴孩子調節情緒

作者——胡展誥
封面・內頁繪圖——Pirdou林柏辰

主編——林孜懃
封面設計——謝佳穎
內頁設計排版——陳春惠
行銷企劃——鍾曼靈
出版一部總編輯暨總監——王明雪

發行人——王榮文
出版發行——遠流出版事業股份有限公司
地址——104005台北市中山北路一段11號13樓
電話——（02）2571-0297　傳真——（02）2571-0197　郵撥——0189456-1
著作權顧問——蕭雄淋律師
□2024年8月1日 初版一刷

定價——新台幣380元（缺頁或破損的書，請寄回更換）

ISBN 978-626-361-826-8

YLib 遠流博識網 http://www.ylib.com E-mail: ylib@ylib.com
遠流粉絲團 https://www.facebook.com/ylibfans

國家圖書館出版品預行編目(CIP)資料

情緒流動：11個內在對話練習,陪伴孩子調節情緒 / 胡展誥著.
初版. -- 臺北市：遠流出版事業股份有限公司, 2024.08
面；　公分
ISBN 978-626-361-826-8(平裝)

1.CST: 情緒教育 2.CST: 子女教育 3.CST: 親職教育

528.2　　113009679